Tests de personnalité (1)

Éditions d'Organisation
1, rue Thénard
75240 Paris Cedex 05
www.editions-organisation.com

DANS LA COLLECTION QI, DES MÊMES AUTEURS

- La gym du cerveau (1)
- La gym du cerveau (2)

Traduit de : *Psychometric Testing*
1 000 Ways to Assess Your Personality, Creativity,
Intelligence and Lateral Thinking
de Philip CARTER et Ken RUSSELL.

Copyright © 2001 by Philip CARTER et Ken RUSSELL.

All Rights Reserved. Authorized translation from the English
language edition published by John WILEY & Sons, Ltd.

Philip CARTER & Ken RUSSELL

Tests de personnalité (1)

Traduit de l'anglais et adapté par
Mandane de RAIGNIAC-FRAÏSSÉ

EYROLLES

Sommaire

PARTIE 2
Tests d'aptitudes

Sommaire

Introduction

Les tests psychométriques existent depuis le début du XXe siècle. Au cours des 25-30 dernières années, ils ont été largement utilisés dans le monde professionnel pour répondre au besoin des employeurs de placer tout de suite la bonne personne au bon poste. En effet, les erreurs de recrutement coûtent très cher à l'entreprise qui doit tout recommencer à zéro : publier des annonces, interviewer les candidats et réinvestir dans leur formation.

La Société britannique de psychologie définit le test psychométrique comme « un instrument destiné à produire une évaluation quantitative d'un ou plusieurs attributs psychologiques ».

Le recours aux tests psychométriques pour sélectionner les candidats est très répandu à l'heure actuelle. Ils sont utilisés pour obtenir des informations objectives sur les compétences d'un candidat dans différents domaines. Ils permettent ainsi d'évaluer l'étendue de ses connaissances, ses motivations, sa personnalité ou son potentiel, par exemple.

Les questionnaires de personnalité et les tests d'aptitude sont les principaux tests psychométriques utilisés. Les premiers concernent les spécificités individuelles – comportement, schémas de pensée et sentiments – caractérisant chaque individu et le distinguant des autres. L'étude de la personnalité d'un individu permet de prédire son comportement dans telle ou telle circonstance.

Voilà la théorie. En pratique, les choses ne sont pas aussi simples et nos réactions ne sont jamais aussi prévisibles. Il est impossible de réduire le terme personnalité à une simple définition tant ses acceptions sont nombreuses.

Pendant des années, les théoriciens ne se sont intéressés qu'à certains aspects de la personnalité et n'ont pas toujours été d'accord sur la manière dont elle affecte le comportement. Mais tous s'accordent à dire que l'inné comme l'acquis jouent un rôle dans le développement de notre personnalité.

Un grand nombre de psychologues pensent que l'hérédité n'est pas l'unique facteur déterminant. Des périodes critiques jalonneraient le développement de notre personnalité, des moments où nous serions plus sensibles à un certain type d'événements ; quand nous développons notre compréhension du langage par exemple. De plus, la façon dont nos besoins élémentaires sont satisfaits dans notre petite enfance peut laisser des traces permanentes sur notre personnalité.

De façon générale, un **test de personnalité** est un instrument capable de jauger ou d'évaluer votre personnalité.

Même si les questionnaires de personnalité sont généralement appelés tests, ce terme peut être trompeur dans la mesure où il n'y a ni bons ni mauvais résultats. Ils sont destinés à mesurer les attitudes, les habitudes et les valeurs et ne sont généralement pas minutés. Ils sont parfois ajoutés au dossier de candidature remis par l'employeur ou distribués au cours de la deuxième étape du processus de sélection.

Les tests de personnalité contenus dans la première partie de ce livre sont destinés à mesurer certains aspects de votre caractère. Même s'il n'est pas nécessaire de s'exercer pour répondre à ce type de questionnaire, cet exercice peut être utile pour vous évaluer de temps en temps et vous pouvez également vous amuser à analyser vos amis ou votre famille.

Vous n'avez pas besoin de parcourir ces tests avant d'y répondre : contentez-vous d'y répondre de façon intuitive et sans trop réfléchir. Il n'existe pas de bonnes ou de mauvaises réponses.

Quand on vous demande de remplir un questionnaire de personnalité, vous devez absolument faire preuve de franchise. Si vous donnez ce que vous pensez être la bonne réponse aux yeux de votre employeur potentiel, vous serez souvent démasqué. Contentez-vous de suivre les instructions et chaque fois de répondre honnêtement.

Les **tests d'aptitudes,** plus communément appelés tests d'intelligence, sont destinés à évaluer objectivement les capacités d'un candidat dans un certain nombre de disciplines comme, par exemple, la compréhension verbale, le calcul, la logique et le raisonnement dans l'espace. A l'inverse des tests de personnalité, les tests d'aptitudes sont notés et il peut y avoir une note au-dessus de laquelle vous réussissez et en dessous de laquelle vous échouez ou devez repasser un test. Les tests d'intelligence ou tests de QI (Quotient intellectuel) sont standardisés après avoir été donnés à plusieurs milliers de personnes et un QI moyen est établi (100). Un résultat au-dessus ou en dessous de cette moyenne établie selon une distribution normale de probabilité est utilisé, pour évaluer le quotient intellectuel du sujet.

Même s'il est reconnu qu'il est impossible d'augmenter votre QI car il est inné et demeure constant tout au long de notre vie, vous pouvez améliorer vos performances sur les tests de QI en répondant à différents questionnaires et en apprenant à reconnaître les thèmes récurrents. Les tests d'aptitudes contenus dans la deuxième partie de ce livre sont représentatifs du type de questions que vous serez amené à rencontrer et vous permettront de vous exercer.

L'employeur utilise ce genre de tests pour vérifier que le postulant possède les capacités requises pour occuper le poste vacant mais également pour identifier au sein de l'entreprise les postes convenant le mieux au profil du candidat. Ces tests peuvent être utiles à la fois pour l'employeur et pour le candidat en permettant d'identifier ses points forts et ses faiblesses et en aidant ainsi à trouver le travail qui lui convient le mieux.

Il est fort probable que les tests psychométriques seront de plus en plus utilisés. Aux États-Unis, le test qui sert à évaluer les étudiants entrant à l'université, le Graduate Record Examination (Examen d'aptitude de l'étudiant), sera progressivement remplacé dans les années à venir par le Computer Adaptive Test (Test Adaptatif sur Ordinateur). C'est une forme de test interactif où le type de questions posées dépend de la facilité avec laquelle le candidat a répondu aux questions précédentes. Il faut s'attendre à ce que les tests sur ordinateur deviennent la norme à l'avenir. Les étudiants n'auront aucune difficulté à se procurer ce genre de tests et à s'exercer puisqu'ils prolifèrent sur Internet.

Tests de personnalité

Test de personnalité n° 1

Cochez l'adjectif qui vous correspond le mieux parmi les séries de trois adjectifs présentées ci-dessous. Vous devez absolument faire un choix pour obtenir une évaluation précise. Si vous hésitez sur la signification exacte d'un mot, n'hésitez pas à regarder dans le dictionnaire, cela ne fera qu'augmenter la pertinence de votre score.

1
a) lunatique
b) sûr(e) de soi
c) à la hauteur

2
a) sophistiqué(e)
b) énergique
c) correct

3
a) hésitant(e)
b) tenace
c) sociable

4
a) rebelle
b) persistant(e)
c) équilibré(e)

5
a) timide
b) solide
c) rationnel(le)

6
a) hésitant(e)
b) ferme
c) dans la norme

7
a) fluctuant(e)
b) résolu(e)
c) stable

8
a) ouvert(e)
b) concentré(e)
c) naturel(le)

9
a) suspicieux(se)
b) franc(che)
c) ordinaire

10
a) anxieux (se)
b) solide
c) gentil(le)

11
a) controversé(e)
b) vigoureux(se)
c) respectable

12
a) perturbé(e)
b) audacieux(se)
c) reconnu(e)

13

a) agité(e)
b) décidé(e)
c) convenable

14

a) impatient(e)
b) déterminé(e)
c) autonome

15

a) calme
b) catégorique
c) compétent(e)

16

a) nerveux(se)
b) convaincu(e)
c) ordonné(e)

17

a) prudent(e)
b) dur(e)
c) modéré(e)

18

a) irritable
b) extraverti(e)
c) consciencieux(se)

19

a) imprévisible
b) volontaire
c) équitable

20

a) indécis
b) résolu
c) conformiste

21

a) mystérieux(se)
b) fougueux(se)
c) capable

22

a) ambivalent(e)
b) vif(ve)
c) ponctuel(le)

23

a) satisfait(e)
b) enthousiaste
c) fidèle

24

a) malheureux(se)
b) plein(e) de
ressources
c) précis(e)

25

a) sceptique
b) enjoué(e)
c) juste

Évaluation

Attribuez-vous 0 point à chaque réponse « a », 2 points à chaque réponse « b » et 1 point à chaque réponse « c ».

40-50 points

Vous avez une très forte personnalité.

Mots clés : dur, ambitieux, sûr de vous.

Vous savez ce que vous voulez dans la vie et vous ne connaissez pas de répit tant que vous n'avez pas rempli vos objectifs.

Vous avez de fortes chances de réussir mais également d'être frustré si vous n'atteignez pas vos objectifs.

25-39 points

Une personnalité très équilibrée.

Mots clés : prévenant, tolérant, aimable.

Vos résultats indiquent que vous soutenez les autres tout en étant personnellement très ambitieux. Vous êtes un bon coéquipier et vous savez ce que vous attendez de la vie mais vous êtes prêt à accepter les inévitables hauts et bas qui la caractérisent.

Moins de 25 points

Une personnalité assez faible.

Mots clés : indécis, hésitant, irrésolu.

Vos résultats indiquent que vous manquez de confiance en vous et que vous doutez de vos capacités. Vous êtes peut-être en paix avec le monde et content de votre sort mais vous n'exploitez probablement pas suffisamment votre potentiel. Essayez de vous fixer des objectifs plus difficiles et vous réaliserez que vous avez autant que quiconque le talent et les capacités pour réussir dans la vie.

Test de personnalité n° 2

Cochez l'adjectif qui vous correspond le mieux parmi les séries de deux adjectifs présentées ci-dessous. Vous devez absolument faire un choix pour obtenir une évaluation précise. Si vous hésitez sur la signification exacte d'un mot, n'hésitez pas à regarder dans le dictionnaire, cela ne fera qu'augmenter la pertinence de votre score.

1
a) sensible
b) détaché(e)

2
a) compatissant(e)
b) réservé(e)

3
a) compréhensif(ve)
b) discret(e)

4
a) passionné(e)
b) judicieux

5
a) réceptif(ve)
b) prudent(e)

6
a) susceptible
b) fiable

7
a) impressionnable
b) loyal(e)

8
a) instinctif(ve)
b) pensif(ve)

9
a) réceptif(ve)
b) calculateur(trice)

10
a) perspicace
b) décontracté(e)

11
a) vulnérable
b) réfléchi(e)

12
a) susceptible
b) formaliste

13
a) lunatique
b) désinvolte

14
a) irrégulier(e)
b) maître de soi

15
a) fantasque
b) timide

16

a) insouciant(e)
b) conventionnel(le)

17

a) extraverti(e)
b) introverti(e)

18

a) dingue
b) renfermé(e)

19

a) versatile
b) secret(e)

20

a) impétueux(se)
b) modeste

21

a) pressé(e)
b) naturel(le)

22

a) impulsif(ve)
b) pratique

23

a) vif(ve)
b) logique

24

a) démonstratif
b) analytique

25

a) expressif
b) subtil(e)

Évaluation

Attribuez-vous 0 point à chaque réponse « a » et 2 points à chaque réponse « b ».

40-50 points

Vous êtes peu émotif.

Mots clés : stable, sûr de vous, sans inquiétude.

Vous êtes exceptionnellement stable et, en situation de crise, vous savez garder la tête froide et ne pas vous laissez gagner par la panique.

C'est une très bonne chose tant que vous ne refoulez pas vos émotions au point d'être constamment anxieux ce qui serait particulièrement dommageable pour votre santé et votre bien-être en général.

Évaluation

24-39 points

Votre sensibilité se situe dans la moyenne.

Mots clés : bien équilibré, modéré.

Il arrive que l'inquiétude vous gagne ou que vous laissiez vos émotions prendre le dessus mais c'est plus l'exception que la règle.

Moins de 24 points

Votre score indique que vous êtes une personne très émotive.

Mots clés : impatient, passionné, sentimental, irritable, anxieux.

La vie est facteur de stress. Vous êtes vulnérable à la fois aux aspects négatifs et positifs de la vie, aussi les événements tragiques ou joyeux vous affectent pareillement. Vous ne cherchez pas à contenir vos émotions et à les garder pour vous.

Votre famille, vos amis et vos collègues vous considèrent comme une personne d'une grande sensibilité et c'est précisément cette vulnérabilité qui vous rend attachant et vous assure leur affection.

Le terme « émotion » est très souvent utilisé comme synonyme de sentiments. Nos trois émotions principales sont la colère, l'amour et la peur. Elles sont le résultat d'un événement extérieur ou d'un processus indirect comme les souvenirs ou les associations d'idées. Elles se manifestent par une accélération ou, au contraire, une décélération du rythme cardiaque, une augmentation de l'activité glandulaire ou un changement de température corporelle.

L'intensité de la réaction diminue en général avec la maturité. Ces différents types de manifestations émotionnelles se diversifient et deviennent de plus en plus complexes au fur et à mesure que la personne grandit. Ce qui provoque la colère d'un enfant peut engendrer chez l'adulte une toute autre émotion, la peur par exemple.

Nos émotions s'expriment de façons différentes selon les individus. La peur, par exemple, peut se traduire chez certaines personnes par des manifestations physiques : tremblement des membres ou incapacité de prononcer un mot. D'autres en revanche déguiseront leur peur en prenant un air distant ou en simulant un courage qu'ils sont loin de ressentir.

Test de personnalité n° 3

Cochez l'adjectif qui vous correspond le mieux parmi les séries de deux adjectifs présentées ci-dessous. Vous devez absolument choisir l'un des deux mots proposés pour obtenir une évaluation précise. Si vous hésitez sur la signification exacte d'un mot, n'hésitez pas à regarder dans le dictionnaire, cela ne fera qu'augmenter la pertinence de votre score.

1
a) satisfait(e)
b) en colère

2
a) content(e)
b) agité(e)

3
a) mesuré(e)
b) changeant(e)

4
a) doux(ce)
b) capricieux(se)

5
a) heureux(se)
b) anxieux(se)

6
a) chanceux(se)
b) hésitant(e)

7
a) apte
b) prudent(e)

8
a) équilibré(e)
b) impatient(e)

9
a) à la hauteur
b) mal à l'aise

10
a) insouciant(e)
b) docile

11
a) joyeux(se)
b) lunatique

12
a) vivant(e)
b) nerveux(se)

13
a) vigoureux(se)
b) impétueux(se)

17
a) gai(e)
b) anxieux(se)

21
a) impartial(e)
b) inquiet(e)

14

a) dynamique
b) incertain(e)

15

a) robuste
b) frivole

16

a) conciliant(e)
b) ne restant pas
   en place

18

a) calme
b) irréfléchi(e)

19

a) aimant(e)
b) déconcerté(e)

20

a) dur(e)
b) tendu(e)

22

a) dévoué(e)
b) têtu(e)

23

a) chaleureux(se)
b) tendu(e)

24

a) prévenant(e)
b) rigide

25

a) démonstratif(ve)
b) volontaire

Évaluation

Attribuez-vous 2 points à chaque réponse « a » et 0 point à chaque réponse « b ».

40-50 points

Votre vie vous satisfait telle qu'elle est. Vous êtes probablement très heureux et votre joie de vivre rejaillit sur votre entourage, votre famille proche notamment.

Cela peut aussi signifier un manque d'ambition puisque vous êtes content de votre sort. Mais, si vous êtes si heureux, pourquoi essayer d'avoir davantage ? Un plus grand succès ne rime pas toujours avec un plus grand bonheur, c'est même souvent le contraire.

Mots clés : contentement, bonheur, paix intérieure, détendu.

24-39 points

Vous êtes satisfait de votre vie même si vous ne vous en rendez pas toujours compte.

Vous ne manquez pas d'ambitions mais, votre qualité de vie, votre bonheur et celui de votre famille passent avant et ne sauraient être sacrifiés. Cependant, vous ne pouvez pas vous empêcher de penser que vous pourriez faire plus et vous en ressentez de la frustration.

Mots clés : satisfait, prévenant, épanoui.

Moins de 24 points

Vous êtes, dans l'ensemble, peu satisfait de votre vie. Vous estimez ne pas avoir réalisé vos ambitions ou exploité tout votre potentiel. Vous pensez que la vie est trop courte et que vous n'avez pas le temps de faire tout ce que vous avez toujours voulu faire.

Essayez de prendre du recul et de faire le point. Qu'avez-vous accompli ? Vous avez peut-être un travail stable et une famille aimante. Ce ne sont pas des réussites insignifiantes. Vous êtes peut-être passionné par un passe-temps dans lequel vous excellez, là encore, c'est une réussite.

Tout bien considéré, nous avons tous des raisons de nous estimer heureux. Concentrez-vous sur les aspects positifs de votre vie, aussi insignifiants, aussi négligeables qu'ils puissent paraître, et vous trouverez cette paix intérieure qui vous a fait défaut dans le passé.

Mots clés : frustré, découragé, exaspéré, déçu.

Avez-vous confiance en vous ?

1 Avez-vous confiance en vos propres décisions ?

a) Très.

b) Assez.

c) Pas toujours car je me demande souvent si j'ai pris la bonne décision.

2 Seriez-vous inquiet si on vous demandait de prononcer un discours au mariage d'un très bon ami ?

a) Pas du tout.

b) Un peu.

c) Très.

3 Combien de fois avez-vous proposé une motion de remerciements en réunion ?

a) Plusieurs fois.

b) Une fois.

c) Jamais.

4 Lors d'une soirée, préférez-vous papillonner et rencontrer des inconnus ou rester avec vos amis ?

a) Papillonner.

b) Les deux.

c) Rester avec mon cercle d'amis.

5 Seriez-vous très nerveux à l'idée de rencontrer des personnes de sang royal ?

    a) Non.

    b) Un peu.

    c) Oui.

6 Vous préoccupez-vous de votre apparence ?

    a) Jamais.

    b) Parfois.

    c) Souvent.

7 Vous considère-t-on comme une personne très positive ?

    a) Oui.

    b) Je l'espère.

    c) Non.

8 Faites-vous du sport pour gagner ou uniquement pour vous amuser ?

    a) Toujours pour gagner.

    b) Les deux.

    c) Uniquement par plaisir.

9 Vous êtes-vous déjà inscrit à un jeu télévisé ?

    a) Oui.

    b) J'y ai pensé mais je ne l'ai jamais fait.

    c) Non, cela ne m'a jamais traversé l'esprit.

10 Que penseriez-vous de donner une conférence sur un sujet que vous maîtrisez au bénéfice d'une association ?

    a) J'accepterais sans hésiter.

    b) Cela ne me ferait pas particulièrement plaisir mais si on me le demandait, j'accepterais peut-être.

    c) Je n'aurais aucune envie de le faire.

11 Aimez-vous aborder les personnes influentes quand vous en avez l'occasion ?

   a) Oui.

   b) Je n'irai pas exprès leur parler mais je prendrai plaisir à m'entretenir avec elles si je leur étais présenté.

   c) Non.

12 Croyez-vous au pouvoir de la pensée positive ?

   a) Oui.

   b) Parfois.

   c) Non, notre route est déjà tracée, quoi que nous fassions.

13 Avez-vous déjà appelé une station de radio ou une chaîne de télévision pour participer à un débat d'actualité ?

   a) Oui.

   b) Non, mais je n'exclue pas la possibilité de le faire dans le futur.

   c) Non et je ne pense pas que je le ferai un jour.

14 Combien de fois avez-vous dit à votre supérieur que vous n'étiez pas d'accord avec sa façon de faire ?

   a) Plusieurs fois.

   b) Occasionnellement.

   c) Jamais.

15 Vous participez à une conversation avec plusieurs personnes qui toutes ont une opinion radicalement opposée à la vôtre. Si vous êtes absolument sûr(e) de vos idées, quelle sera votre réaction ?

   a) Je savoure le débat et je m'efforce d'imposer mon point de vue.

   b) Je reste campé sur mes positions mais je mets un terme à la discussion avec un commentaire du genre « chacun son point de vue ».

   c) J'abandonne le débat et commence à penser que j'ai peut-être tort.

16 Accepteriez-vous de sauter à l'élastique pour une vente de charité ?

   a) Oui.

   b) Peut-être mais l'idée me terroriserait.

   c) Non.

17 Vous avez fait la queue pendant une demi-heure pour acheter des billets de train et lorsque c'est enfin votre tour, le guichetier fait preuve de mauvaise volonté et se montre particulièrement négatif. Comment réagissez-vous ?

   a) Je demande à voir la personne responsable pour me plaindre même si cela implique de le faire en présence d'un grand nombre de personnes attendant patiemment leur tour derrière moi.

   b) Je me plainds auprès du guichetier de son manque d'efficacité.

   c) Je ne me plainds pas mais continue calmement à expliquer au guichetier ce que j'attends de lui jusqu'à ce qu'il comprenne même si cela prend une demi-heure.

18 Combien de fois avez-vous pris le parti de la minorité au cours d'un débat ?

   a) Souvent et je recommencerai chaque fois que je serai du même avis.

   b) Parfois.

   c) Très rarement, je préfère ne pas me lancer dans des débats trop polémiques.

19 Aimez-vous flirter avec le sexe opposé ?

   a) Oui, beaucoup.

   b) Parfois.

   c) Pas vraiment.

20 Êtes-vous nerveux à l'idée d'être vu nu ?

   a) Pas du tout.

   b) Un peu.

   c) Très.

21 Jouez-vous un rôle particulier au moment des fêtes de Noël ?

   a) Oui.

   b) Aucun rôle en particulier mais si l'on m'y oblige, j'accepterai de chanter une chanson ou de raconter une histoire drôle.

   c) Non.

22 Aimez-vous rouler très vite sur une route droite ?

   a) Oui, je vais aussi vite que je le peux.

   b) Il m'arrive de faire quelques pointes de vitesse sur l'autoroute.

   c) Non, rouler très vite me fait un peu peur.

23 Quand vous achetez un billet de loterie, à quel point espérez-vous gagner ?

   a) Je connais les statistiques mais j'espère quand même gagner le gros lot un jour.

   b) J'espère gagner l'un des prix moins importants.

   c) Je ne m'attends absolument pas à gagner mais si c'est le cas, ce sera une merveilleuse surprise.

24 Êtes-vous nerveux à l'idée de voyager en avion ?

   a) Pas du tout, c'est le moyen de transport le plus fiable.

   b) Assez.

   c) Je suis plus que nerveux, je suis tout simplement terrorisé.

(25) Que ressentez-vous en apprenant que votre entreprise va être entièrement réorganisée ?

    a) J'aimerais si possible participer à la réorganisation de l'entre-
prise dans la mesure où cela devrait me permettre d'obtenir
de meilleures opportunités de carrière.

    b) Je suis un peu inquiet car je suis satisfait de la situation
actuelle.

    c) Je suis catastrophé parce que cela peut impliquer des licencie-
ments ou la redéfinition de mon poste.

Évaluation

Attribuez-vous 2 points à chaque réponse « a », 1 point à chaque
réponse « b » et 0 point à chaque réponse « c ».

35-50 points

Vous débordez de confiance en vous et vous avez pleinement
confiance en vos capacités quel que soit ce que vous entreprenez.

Vous devez faire attention à un seul point : ne pas croire systématique-
ment au succès car le succès se mérite et n'arrive pas sur commande.

De plus, comme vous n'hésitez pas à aller de l'avant, votre entourage peut penser que vous êtes suffisant et effronté et attendre avec
impatience le jour où vous essuierez un échec.

Mots clés : présomptueux, extraverti, sûr de soi.

16-34 points

Votre score indique que vous avez généralement confiance en vous
et que vous regardez la vie de façon assez positive.

Étant donné que vous n'avez pas démesurément confiance en vous,
vous entretenez une relation d'égal à égal avec vos amis et vos collègues ce qui vous rend assez populaire car votre entourage ne
développe pas de complexe d'infériorité en votre présence.

Mots clés : tranquille, positif, sensible.

Moins de 16 points

Il semblerait que vous manquiez grandement de confiance en vos capacités et que vous vous montriez bien trop modeste vis-à-vis de vos réussites.

La modestie est généralement très appréciée, surtout si l'on sait que la personne a fait preuve de bien plus de talents et a bien mieux réussi que ce qu'elle veut bien admettre. Cependant, il pourrait être judicieux de prendre un peu de recul et d'évaluer ce que vous avez accompli dans votre vie ainsi que les talents à votre disposition et de vous comparer à ceux qui ont l'air si sûrs d'eux. Vous serez peut-être surpris par les résultats de cette analyse et aurez, à l'avenir, plus confiance en vos capacités.

Mots clés : manque d'assurance, pessimiste, modeste, introverti.

Êtes-vous diplomate ou maladroit ?

(1) Vous êtes à une soirée et une personne ennuyeuse au possible menace de vous accaparer pendant un bon moment. Quelle solution choisiriez-vous pour vous sortir de cette situation délicate ?

   a) Je commence à bailler et à montrer mon ennui. Si la personne ne comprend pas le message, je prétexte un coup de téléphone urgent à donner et je prends congé.

   b) Je prie la personne de m'excuser mais je dois absolument discuter d'une affaire importante avec quelqu'un que je viens d'apercevoir.

   c) J'écoute poliment tout en essayant d'orienter la conversation sur un sujet que mon interlocuteur trouvera si rébarbatif qu'il ira importuner quelqu'un d'autre.

(2) Un matin, un collègue de travail arrive au bureau avec des vêtements de couleurs criardes et mal assortis. Comment réagissez-vous ?

   a) J'adopte un ton humoristique et je dis : « Je présume que vous vous êtes habillé ainsi pour gagner un pari ».

   b) Je l'accueille avec un commentaire du genre : « Voilà qui nous change de d'habitude ! »

   c) Je ne dis rien et je garde mes réflexions pour moi.

(3) Vous feuilletez le journal et découvrez que l'un de vos collègues vient de se voir retirer son permis de conduire pendant un an pour conduite en état d'ivresse. Quelle sera, à votre avis, votre réaction la prochaine fois que vous le verrez :

   a) Je préfère mettre les choses au point dès le départ et lui annoncer que j'ai lu sa mésaventure dans le journal.

    b) Je lui dis, sur le ton de la plaisanterie : « Je suppose que ce n'est pas le moment de vous demander de me raccompagner chez moi en voiture ce soir ? ».

    c) Je ne dis rien et j'attends qu'il aborde le sujet de lui-même.

4 Des amis vous invitent à dîner mais vous n'aimez pas le plat principal. Comment réagissez-vous ?

    a) Je me confonds en excuses et annonce à la maîtresse de maison que je suis dans l'incapacité totale d'avaler une bouchée de son plat mais que j'apprécie le mal qu'elle s'est donné pour le cuisiner.

    b) Je rassemble tout mon courage et essaie d'avaler en gardant le sourire.

    c) Je mange ce qui est dans mon assiette tout en complimentant mon hôtesse sur la qualité de ce qui m'a été servi.

5 Un membre de votre famille vous offre un vase particulièrement hideux. Quelle sera, à votre avis, votre première réaction ?

    a) « Mais qu'est-ce que j'ai fait pour mériter cela ? »

    b) « Je vous remercie beaucoup mais je ne suis pas sûr qu'il s'accordera au mobilier de mon appartement. Croyez-vous que je pourrai le rapporter là où vous l'avez acheté et l'échanger ? »

    c) « C'est ravissant ! Il ne me reste plus qu'à trouver un endroit où le mettre en valeur. »

6 Vous rencontrez un vieil ami que vous n'avez pas vu depuis longtemps. Il a l'air gravement malade. Parmi ces trois réactions, laquelle vous correspond le plus ?

    a) « Tu n'as pas l'air très en forme. Qu'est-ce qui t'arrive ? »

    b) « Alors, qu'est-ce que tu deviens ? »

    c) J'exprime ma joie de le revoir mais ne fais aucune allusion à son état de santé tant qu'il n'exprime pas le désir d'en parler.

7 Les conifères de votre voisin empêchent la lumière du soleil d'atteindre votre maison. Comment vous y prenez-vous pour lui dire que vous préféreriez qu'il taille ses arbres ?

> a) Je profite d'un moment où il est dans son jardin pour dire à haute voix : « Il fait vraiment très sombre » ou « Quel dommage que la maison manque de lumière ! ».
>
> b) J'attends que mon voisin s'absente pour glisser dans sa boîte aux lettres le prospectus d'une société de jardinage spécialisée dans la taille des arbres.
>
> c) J'aborde franchement la question avec lui en lui disant que je trouve ses conifères splendides mais qu'ils empêchent la lumière du soleil d'atteindre ma maison et que j'aimerais bien qu'ils soient taillés, si cela lui est possible.

8 Vous marchez dans la rue et une personne s'avançant vers vous s'étale de tout son long sur le trottoir. Comment réagissez-vous ?

> a) J'essaie de détendre l'atmosphère avec un commentaire humoristique du style : « Vous avez de la chance, il aurait pu y avoir une crotte de chien ! ».
>
> b) Je ne bouge que si la personne semble s'être blessée.
>
> c) Je me précipite pour lui porter secours et lui demander si je peux faire quelque chose pour l'aider.

9 Vous rendez visite à des amis et constatez que leur jardin est quasiment laissé à l'abandon. Quelle sera votre réaction ?

> a) « On se croirait en pleine jungle ici ! » ou « Je vois que le jardinage ne fait pas partie de vos points forts ».
>
> b) « Vous devez certainement être très pris en ce moment et vous n'avez plus le temps de vous occuper du reste. »
>
> c) Je ne fais aucun commentaire sur l'état du jardin.

10 Vous avez coutume d'aller deux fois par an dans un bon restaurant avec vos anciens voisins. Chaque couple paie l'addition une fois sur deux. Le prochain restaurant est prévu dans deux semaines et c'est au tour de vos amis de payer l'addition. Vous apprenez alors que l'un d'eux vient de perdre son travail et se retrouve au chômage. Comment allez-vous gérer cette situation délicate ?

    a) Je les appelle et leur demande s'ils souhaitent annuler le repas.

    b) Je les appelle et leur dis que nous aimerions toujours aller au restaurant mais que, vu les circonstances, nous espérons qu'ils nous laisserons régler même si ce n'est pas notre tour.

    c) Je ne fais ni ne dis rien.

11 Le livre d'un ami vient juste d'être publié mais les critiques ont été très sévères. Quelle sera votre réaction la prochaine fois que vous verrez votre ami ?

    a) « J'ai vu que ton livre n'avait pas été très bien accueilli par la critique ».

    b) « Ne t'inquiète pas de la critique, je suis sûr que ton livre se vendra très bien ».

    c) « Félicitation pour la publication de ton livre. Tu veux bien me dédicacer mon exemplaire ? »

12 Un collègue de travail vient de perdre un être cher. Comment réagirez-vous en le voyant quelques jours après l'enterrement ?

    a) « Comment vas-tu maintenant ? J'espère que l'enterrement s'est bien déroulé ».

    b) Je ne dis rien.

    c) Je profite d'un moment calme pour le prendre à part, lui présenter mes condoléances et lui dire à quel point j'étais désolé en apprenant la mauvaise nouvelle.

13 Un voisin vient d'être licencié. Qu'allez-vous lui dire la prochaine fois que vous le croiserez ?

> a) « Je suppose que vous êtes très affligé par la perte de votre emploi. Ce genre d'événements nous rappelle quelle triste époque nous vivons ».
>
> b) « Essayez de voir les choses du bon côté, vous trouverez certainement un meilleur emploi ».
>
> c) Je n'aborde pas le sujet.

14 Vous êtes en train de laver votre voiture devant chez vous quand votre voisin rentre chez lui au volant d'une voiture neuve toute cabossée. Qu'allez-vous lui dire ?

> a) Un commentaire semi-humoristique du genre : « J'espère que vous êtes bien assuré ».
>
> b) « Eh bien, je n'ose pas imaginer l'état de l'autre voiture ! ».
>
> c) « Je suis désolé de voir que vous avez eu un accident. Comment vous sentez-vous ? ».

15 Vous assistez à la soirée de Noël organisée par votre entreprise et une personne de l'autre sexe, que vous n'appréciez pas du tout vient vous parler. Étant célibataire et insouciant, comment réagissez-vous ?

> a) Je ne mâche pas mes mots et lui dis d'office d'aller ennuyer quelqu'un d'autre car elle perd son temps avec moi.
>
> b) Je trouve un moyen de lui faire comprendre qu' elle ne m'intéresse pas afin que personne ne perde son temps.
>
> c) J'essaie de discuter un peu avec cette personne pour mieux la connaître car il n'est pas impossible que je me sois trompé sur son compte.

16 Un collègue de travail arrive au bureau avec une chaussure noire et une chaussure marron. Vous êtes le premier à vous en apercevoir. Quelle sera votre réaction ?

> a) Je raconte à mes collègues que je viens de voir quelque chose de très drôle.

b) Je lui dis quelque chose du genre « Avez-vous d'autres paires de chaussures comme ça chez vous ? ».

c) Je le prends à part pour le lui dire et lui donner ainsi une chance de retourner chez lui et changer de chaussures avant que quelqu'un d'autre s'en aperçoive.

17 Un collègue de travail annonce qu'il a l'intention de changer de sexe. Le jour suivant il se présente au bureau habillé en femme. Quelle sera votre réaction en le voyant ?

a) « Oh non ! Je ne pensais pas que tu étais sérieux hier. Es-tu sûr d'avoir bien réfléchi à la question ? »

b) « Bravo, j'admire ton courage. Bonne chance. J'espère que les gens ne changeront pas d'attitude envers toi ».

c) Je ne modifie en rien mon comportement habituel à son égard.

18 Un nouvel employé se montre de plus en plus odieux. Quelle est, à votre avis, la façon la plus appropriée de régler le problème si vous êtes responsable du département ?

a) Je lui annonce qu'il ne s'intègre pas et que je serai peut-être obligé de reconsidérer son avenir dans l'entreprise s'il ne change pas de comportement.

b) Je lui dis que son travail est satisfaisant mais que j'ai remarqué combien, en certaines occasions, son comportement a été déplacé vis-à-vis de certains membres du personnel ; il devrait donc changer son attitude.

c) Je lui dis que j'ai remarqué combien, en certaines occasions, son comportement a été déplacé vis-à-vis de certains membres du personnel et je lui demande s'il y a quelque chose que je devrais savoir ou s'il souhaite me parler de certains problèmes personnels qui le préoccupent en ce moment.

19 Un collègue arrive au travail avec un œil au beurre noir. Comment allez-vous réagir ?

a) Je fais un commentaire du genre : « Je me demande dans quel état est ton adversaire ».

b) Je lui demande s'il a eu un accident.

c) Je ne dis rien.

20 Pensez-vous être quelqu'un vers lequel on aime se tourner en cas de problème ?

a) Pas particulièrement.

b) Je l'espère.

c) Oui.

21 Un ami vient avec sa guitare à votre soirée d'anniversaire et commence à jouer quelques chansons de Joe Dassin qu'il massacre copieusement. Comment allez-vous gérer la situation ?

a) Je suggère de demander aux invités de décider s'ils préfèrent continuer à écouter la guitare ou si la guitare doit rester consignée dans les vestiaires jusqu'au départ de son propriétaire.

b) Je commence à siffler et huer gentiment mon ami en espérant qu'il comprendra le message.

c) J'annonce qu'à la demande générale je vais mettre des CD.

22 Vous êtes assis à une table très petite dans un restaurant et la personne assise en face de vous a visiblement du mal à mettre son assiette sur la table. Vous proposez alors de débarrasser un peu la table pour qu'elle ait davantage de place mais elle vous répond sèchement qu'elle se débrouille très bien seule et qu'il y a peu de chances qu'elle renverse son assiette. Mais ce qui devait arriver arriva et une minute plus tard, l'assiette et son contenu atterrissent sur ses genoux. Quelle sera votre réaction ?

a) Je ne réussis pas à garder un visage impassible et je n'essaie même pas de contenir mon hilarité.

b) J'essaie de rester impassible mais sans grand succès et mes efforts pour rester sérieux sont plus que visibles.

c) Je me lève de table pour lui apporter des serviettes avec lesquelles elle pourra s'essuyer.

(23) Vous êtes assis dans votre jardin quand le chien de votre voisin s'introduit chez vous et fait ses besoins sur votre superbe gazon. Comment réagissez-vous ?

    a) Je détaille à mon voisin les dégâts causés par son chien.

    b) J'ordonne au chien de déguerpir au risque d'être entendu par mon voisin.

    c) Je nettoie en espérant qu'il ne reviendra pas.

(24) Vous marchez dans la rue quand une personne vous arrête pour discuter avec vous. Elle semble très bien vous connaître mais malheureusement vous ne vous souvenez absolument pas d'elle. Quelle sera votre réaction ?

    a) « Est-ce que je vous connais ? »

    b) J'attends un peu avant de lui dire « Je suis désolé, c'est très embarrassant mais je ne me souviens pas de votre nom ».

    c) Je fais comme si je savais parfaitement de qui il s'agit.

(25) Vous arrivez au bureau et on vous apprend que quelqu'un est tombé de son siège. Quelle sera votre première réaction ?

    a) « Zut ! j'ai raté ça. Vous ne voulez pas recommencer ? »

    b) « Vous ne vous êtes pas fait mal au moins ? »

    c) Je n'aborde pas le sujet avec la personne concernée.

Évaluation

Attribuez-vous 0 point à chaque réponse « a », 1 point à chaque réponse « b » et 2 points à chaque réponse « c ».

35-50 points

Vous êtes très diplomate et d'une grande discrétion. Vous faites particulièrement attention à ne pas blesser votre entourage.

Cela signifie que vous ne vous montrez pas toujours très honnête mais que cela vous semble préférable à l'idée de vexer les gens et de vous sentir ensuite coupable.

16-34 points

Vous savez être diplomate mais de temps en temps, vous êtes incapable de vous retenir et vous dites des choses que vous êtes parfois amené à regretter ensuite. Il vous arrive aussi d'estimer que dans certains cas vos remarques doivent être entendues.

Heureusement, vous savez quand il est opportun de parler et quand il est préférable de se taire et vos remarques s'avèrent généralement bénéfiques à la personne concernée. Vous ne blesserez jamais quelqu'un délibérément.

Moins de 16 points

Votre résultat indique que vous n'êtes malheureusement pas très diplomate et que vous n'avez aucune patience avec ceux que vous prenez pour des imbéciles. Il vous sera sans doute difficile de faire carrière en tant que diplomate ou dans les relations publiques.

Vous ne manquez pas de franchise mais vous semblez ne pas vous préoccuper de ce que les autres peuvent ressentir. Vous donnez l'impression d'agir de façon intentionnelle ou dans le seul but de profiter de l'occasion pour tourner les autres en ridicule et rire à leurs dépens.

Il serait peut-être bon de revenir sur ce questionnaire et de réfléchir à vos réponses en vous mettant à la place de la personne concernée. Que ressentiriez-vous si les rôles étaient inversés, si vous deviez recevoir vos propres remarques ? Auriez-vous été blessé et si oui, ne croyez-vous pas qu'il serait préférable de vous montrer plus discret la prochaine fois ?

Cerveau gauche
ou cerveau droit ?

Le cerveau humain est composé de deux hémisphères cérébraux quasi identiques. Chaque hémisphère est doté de fonctions spécifiques et possède ses propres sensations, perceptions, pensées et idées. Le terme « latéralisation » est utilisé pour désigner la spécialisation de chaque hémisphère du cerveau dans ses fonctions respectives.

Le test ci-dessous est destiné à découvrir si vous êtes sous la dominance de votre hémisphère droit ou de votre hémisphère gauche et d'identifier les forces et les faiblesses inhérentes à cette dominance.

1 Vous rappelez-vous plus facilement du nom des personnes que vous rencontrez ou de leur visage ?

    a) De leur nom.

    b) Des deux.

    c) De leur visage.

2 Comment décririez-vous votre réaction face à l'échec ?

    a) Il faut persévérer encore et encore.

    b) L'échec peut être très destructeur.

    c) Autant passer à autre chose.

3 Vous fiez-vous à vos intuitions ?

    a) Rarement.

    b) Parfois.

    c) Chaque fois que c'est possible.

4 Si vous ressentiez soudain l'envie d'essayer une activité créative comme la peinture ou la poterie, que feriez-vous ?

    a) Je ne ferais probablement rien de plus qu'y penser.

    b) J'y consacrerais peut-être un peu de temps avant de passer à autre chose.

    c) J'essaierais et cela deviendrait peut-être l'un de mes nombreux passe-temps.

5 Pensez-vous être une personne organisée ?

    a) Oui.

    b) Relativement.

    c) Pas du tout.

6 Quelle matière préfériez-vous à l'école ?

    a) Les mathématiques.

    b) La géographie.

    c) L'art.

7 À laquelle de ces trois affirmations vous identifiez-vous le plus ?

    a) Je suis content de respecter les règles.

    b) Suivre les règles m'ennuie parfois.

    c) Je préfère suivre mes propres règles.

8 Changez-vous souvent les meubles de place ?

    a) Moins d'une fois en cinq ans.

    b) Deux à trois fois en cinq ans.

    c) Plus de trois fois en cinq ans.

9 Lequel de ces sujets retient le plus votre attention lorsque vous regardez les nouvelles à la télévision ?

    a) La politique.

    b) Le sport.

    c) Les questions écologiques.

10 Lorsque vous assistez à une conférence, quelle est votre capacité de concentration ?

    a) Je peux rester concentré sur l'orateur.

    b) Je ne peux me concentrer que si le sujet m'intéresse.

    c) Je me surprends souvent à penser à autre chose.

11 Lequel de ces mots vous décrit le mieux ?

    a) Studieux(se).

    b) Méticuleux(se).

    c) Intuitif(ve).

12 Laquelle de ces affirmations vous correspond le mieux ?

    a) Je suis quelqu'un d'ambitieux.

    b) Je suis plein de bon sens.

    c) J'ai une imagination débordante.

13 Vous considérez-vous comme un spécialiste ?

    a) Oui.

    b) Dans certains domaines.

    c) Non.

14 Que pensez-vous de l'art moderne ?

    a) Cela ne m'intéresse pas vraiment.

    b) Certaines œuvres sont intéressantes.

    c) Cela me plaît beaucoup.

15) Quel principal avantage voyez-vous à la retraite ?

    a) Je pourrai passer plus de temps avec ma famille et mes amis.

    b) Je serai enfin libéré des contraintes routinières.

    c) J'aurai enfin le temps de m'adonner à de nouvelles activités.

16) Laquelle de ces propositions vous correspond le plus ?

    a) Terre-à-terre.

    b) Dans la norme.

    c) Complexe.

17) Vous arrive-t-il souvent de vous isoler pour réfléchir ?

    a) Très rarement.

    b) Occasionnellement.

    c) Fréquemment.

18) Lorsque vous entrez dans une salle avec des sièges libres à droite et à gauche, de quel côté préférez-vous vous asseoir ?

    a) À droite.

    b) Je n'ai pas de préférence.

    c) À gauche.

19) Lequel de ces adjectifs vous correspond le plus ?

    a) Stressé(e).

    b) Occupé(e).

    c) Pensif (ve).

20) Êtes-vous capable d'évaluer le temps passé sans regarder votre montre ?

    a) Oui, je me trompe rarement.

    b) J'y arrive parfois.

    c) Pour être honnête, je n'ai aucune idée du temps qui passe car j'ai tendance à perdre la notion du temps.

21 Quelle est votre plus grande frustration ?

    a) Ne pas être au top de ma profession.

    b) Ne pas voir ma réussite et mon dur labeur reconnus à leur juste valeur.

    c) Ne pas avoir le temps de faire tout ce que j'aimerais faire.

22 Que pensez-vous de l'affirmation suivante « l'expérience est le meilleur professeur » ?

    a) Je ne suis pas d'accord.

    b) Je pense que c'est assez juste.

    c) Je suis entièrement d'accord.

23 Si vous aviez le choix, quelle serait votre journée de travail type ?

    a) Je suivrais une routine bien établie.

    b) J'aimerais apprendre quelque chose de nouveau tous les jours.

    c) Je préférerais avoir une journée totalement imprévisible riche en nouvelles expériences.

24 Pensez-vous avoir une bonne orthographe ?

    a) Oui.

    b) Moyenne.

    c) Non.

25 Avec laquelle de ces tâches seriez-vous le plus à l'aise ?

    a) Écrire une lettre ou un rapport.

    b) Réaliser une activité manuelle comme de la peinture ou de la décoration.

    c) Bricoler le moteur de ma voiture.

Évaluation

Attribuez-vous 0 point à chaque réponse « a », 1 point à chaque réponse « b » et 2 points à chaque réponse « c ».

35-50 points

Votre score indique que vous utilisez de préférence votre hémisphère droit. C'est la partie du cerveau qui contrôle la perception spatiale, l'appréciation artistique et la pensée créative.

Le côté droit correspond à l'hémisphère intuitif qui imagine et perçoit les choses de façon holistique. En d'autres termes, vous considérez les choses dans leur ensemble au lieu de vous attarder sur les détails. L'hémisphère droit reconstitue le puzzle à partir de pièces individuelles et favorise l'émergence de nouvelles idées et de concepts inédits.

Vous êtes probablement intéressé par l'art et la musique et par tout ce qui a trait aux rites et au mysticisme. Vous avez tendance à apprendre de façon inconsciente et créative ce qui vous conduit à laisser parler vos émotions au lieu d'analyser la situation de façon logique et détaillée. Il vous est probablement souvent arrivé de trouver la bonne réponse à un problème sans vraiment savoir comment vous êtes arrivé à cette conclusion. L'intuition est un aspect important de l'hémisphère droit.

L'hémisphère gauche a tendance à traiter les informations par séquences à l'inverse de l'hémisphère droit qui, lui, agit au hasard. Vous avez sans doute tendance à passer d'une tâche à l'autre sans avoir terminé la première. Pour compenser ce qui peut parfois s'avérer un inconvénient, car vous vous retrouvez avec plusieurs tâches inachevées, faites des listes et établissez un plan de travail. Cela pourra vous aider à terminer de façon efficace ce que vous avez commencé sans passer à autre chose.

16-34 points

Votre score indique que vous sollicitez de façon égale l'hémisphère gauche et l'hémisphère droit de votre cerveau. Cet équilibre peut être un grand avantage mais ce n'est pas toujours le cas.

Vous éprouvez plus de difficultés à vous décider qu'une personne clairement dominée par l'un ou l'autre hémisphère. Vous aurez parfois des difficultés à trancher entre ce que vous ressentez et ce que vous pensez. Ces conflits intérieurs concerneront également la façon dont vous aborderez les problèmes et interpréterez les informations. L'hémisphère droit accordera de l'importance à certains détails tandis que l'hémisphère gauche les rejettera et vice-versa. Cette dichotomie parfaite peut être un obstacle à l'apprentissage ou à la réalisation de tâches.

D'un autre côté, vous avez le grand avantage de percevoir simultanément la situation dans son ensemble et dans ses plus petits détails. Cela peut être très utile, par exemple pour résoudre un problème. Vos compétences verbales sont probablement suffisamment développées pour vous permettre de traduire votre intuition d'une façon compréhensible pour tous.

Vous pouvez réussir dans de nombreux domaines grâce à votre grande souplesse d'esprit.

Moins de 16 points

Votre score indique que vous sollicitez de préférence votre hémisphère gauche.

Chez la plupart des individus, l'hémisphère gauche est analytique et fonctionne de façon séquentielle et rationnelle. C'est également cette partie du cerveau qui contrôle le langage, les études académiques et la rationalité.

Vous aurez tendance à traiter les informations de façon linéaire, en examinant d'abord les détails avant de vous pencher sur la situation dans son ensemble comme le ferait un individu dominé par l'hémisphère droit.

L'hémisphère gauche a également tendance à traiter les informations de façon ordonnée et non hasardeuse comme l'hémisphère droit. Ainsi, lorsque l'hémisphère gauche domine, la personne peut exceller en comptabilité ou en programmation par exemple. Elle peut également être douée en orthographe puisque cette discipline fonctionne par séquences.

Vous aurez probablement avantage à développer certaines stratégies utilisées par l'hémisphère droit et en particulier tout ce qui a trait à la pensée créative et au développement de l'intuition. Dans un contexte scolaire, par exemple, un étudiant dominé par son hémisphère droit aura du mal à suivre un cours magistral, sauf si le professeur résume le propos de son cours avant de commencer. En effet, cet étudiant a besoin de comprendre ce qu'il fait et pourquoi. En revanche, un étudiant dominé par son cerveau gauche n'éprouvera probablement pas le même besoin mais y trouvera peut-être une utilité.

Les fonctions de l'hémisphère droit et de l'hémisphère gauche peuvent être résumées ainsi :

Cerveau gauche	**Cerveau droit**
Sens du détail	Holistique
Logique	Intuition
Pensée consciente	Pensée inconsciente
Conscience extérieure	Conscience intérieure
Méthodes, règles	Créativité
Langage écrit	Perspicacité
Doué pour les chiffres	Formes tridimensionnelles
Raisonnement	Imagination
Capacités scientifiques	Musique, art
Réactif	Passif
Séquentiel	Simultané
Intelligence verbale	Intelligence pratique
Intellectuel	Sensé
Analytique	Synthétique

Avez-vous des chances de réussir ?

(1) Vous concentrez-vous facilement sur un sujet ?

    a) Non, j'aime diversifier mes centres d'intérêt.

    b) J'essaie mais, parfois, je trouve cela difficile.

    c) Oui, j'y arrive sans difficulté.

(2) Vous arrive-t-il de penser que votre passe-temps empiète sur votre journée de travail ?

    a) Oui, souvent.

    b) Parfois.

    c) Jamais.

(3) Vous vous réjouissez de passer votre week-end à la maison avec votre famille quand un travail urgent arrive sur votre bureau le vendredi après-midi. Que décidez-vous ?

    a) Je décide que cela attendra lundi parce que j'ai déjà fait mes plans pour le week-end.

    b) J'essaie de trouver quelqu'un pour exécuter ce travail à ma place.

    c) Je renonce à mon week-end et je me mets au travail.

(4) Vous venez d'accepter un poste et vous apprenez que l'université près de chez vous donne justement un cours concernant directement votre nouvelle activité. Que faites-vous ?

    a) Je ne suis pas intéressé.

    b) Je décide de n'y assister que si mon entreprise paie les frais d'inscription.

    c) Je suis très intéressé par ce cours et souhaite y assister même si je dois payer les frais d'inscription.

(5) Vous vous réveillez un matin en vous sentant malade et vous vous demandez si vous n'avez pas attrapé un bon rhume voire la grippe. Que faites-vous ?

> a) Vous vous déclarez malade et espérez qu'une journée à la maison suffira à vous remettre sur pieds.
>
> b) Vous prenez rendez-vous chez le docteur et vous lui demandez si vous pouvez aller travailler.
>
> c) Vous allez au bureau et essayez tant bien que mal de travailler aussi longtemps que vous le pouvez.

(6) Vous plaignez-vous de votre entreprise auprès de vos amis et de votre famille ?

> a) Souvent.
>
> b) Parfois.
>
> c) Très rarement.

(7) Comment envisagez-vous l'évolution de votre carrière dans les cinq ans à venir ?

> a) J'occuperai probablement le même poste.
>
> b) J'aurai peut-être reçu une promotion.
>
> c) Dans cinq ans, je compte bien avoir réussi à faire avancer ma carrière.

(8) Votre entreprise vous demande d'assister à une formation pendant deux jours or l'hôtel choisi n'est qu'à quelques kilomètres de chez vous. Que faites-vous ?

> a) J'assisterai à la formation mais je rentrerai chez moi le soir car j'habite tout près.
>
> b) J'assisterai à la formation mais ne resterai à l'hôtel que si l'entreprise me le demande.
>
> c) Je resterai à l'hôtel car je fais partie d'une équipe et ne veux pas me singulariser.

9 Êtes-vous de mauvaise humeur le matin ?

    a) Seulement si c'est un jour de semaine.

    b) Parfois.

    c) Très rarement, chaque jour est un nouveau défi.

10 Parlez-vous de votre travail en dehors du bureau ?

    a) Non, je tourne la page dès que je ferme la porte de mon bureau.

    b) Parfois.

    c) Très fréquemment.

11 Faites-vous le travail que vous avez toujours voulu faire ?

    a) Pas du tout.

    b) A peu de choses près.

    c) Oui, c'est ce dont j'ai toujours rêvé.

12 Pensez-vous que l'intelligence conduit au succès ?

    a) Oui, je pense qu'il faut être intelligent pour réussir dans la vie.

    b) Je pense que l'intelligence contribue grandement à la réussite.

    c) Je pense que ce n'est pas l'unique facteur menant au succès.

13 Pensez-vous que vous devriez rencontrer votre supérieur tous les six mois pour évaluer votre travail ?

    a) Certainement pas, quelle perte de temps !

    b) Oui, même si je pense que je serai très nerveux avant chaque réunion.

    c) Oui, c'est une excellente idée, j'aurai ainsi l'occasion de discuter avec lui de certains aspects de mon travail et de ma carrière.

14 Pensez-vous être impitoyable ?

   a) Non, je n'aime pas ceux qui le sont.

   b) Peut-être un peu.

   c) J'ai bien peur de l'être quand il s'agit d'obtenir ce que je veux.

15 Que ressentez-vous avant de vous présenter à un entretien ?

   a) Je suis terrifié.

   b) Je suis un peu nerveux.

   c) J'aime les entretiens car ils me permettent de montrer aux autres ce dont je suis capable.

16 L'un de vos collègues reçoit une promotion. Comment prenez-vous la nouvelle ?

   a) Je suis content pour lui.

   b) Je suis un peu envieux.

   c) Je suis assez énervé et tiens à savoir pourquoi je n'ai pas reçu de promotion et ce qui s'est mal passé.

17 Que ressentez-vous à l'idée de travailler dur ?

   a) C'est très fatigant.

   b) Je suis d'accord tant que je suis payé.

   c) C'est un moyen d'arriver à ses fins.

18 Si vous gagniez le gros lot au loto, que feriez-vous ?

   a) Je prendrais ma retraite et profiterais de mon argent.

   b) J'investirais cette somme et paierais quelqu'un pour gérer mon argent.

   c) Je continuerais à travailler.

19 Aimeriez-vous faire partie d'une association ?

    a) Pas vraiment.

    b) Peut-être, si on me le demandait expressément.

    c) Oui, surtout si l'association me permet de réaliser des projets qui me tiennent à cœur.

20 Si vous aviez un talent particulier, qu'en feriez-vous ?

    a) Un passe-temps agréable.

    b) C'est une compétence qui peut s'avérer utile.

    c) J'essaierais d'en faire une carrière si c'est possible.

21 Pensez-vous que la pratique conduit à la perfection ?

    a) Personne n'est parfait.

    b) On n'a plus vraiment le temps de pratiquer quoi que ce soit de nos jours.

    c) Oui, plus on travaille, plus on s'améliore.

22 Pensez-vous que revenir sur les événements passés soit très utile ?

    a) Non, vous ne pouvez pas modifier le passé.

    b) Parfois mais il est toujours plus facile de savoir après coup ce qu'il aurait fallu faire.

    c) Il est important de savoir regarder en arrière et d'analyser ses erreurs si l'on ne veut pas les répéter un jour.

23 Est-il important d'impressionner les bonnes personnes ?

    a) Non, cela s'appelle faire du lèche-bottes.

    b) Parfois.

    c) Oui.

24 Lequel de ces personnages aimeriez-vous rencontrer et féliciter ?

    a) Casanova.

    b) Jesse James.

    c) Charlemagne.

25 D'où tirez-vous votre motivation ?

    a) De mon supérieur.

    b) De ma famille proche.

    c) De moi-même.

Évaluation

Attribuez-vous 0 point à chaque réponse « a », 1 point à chaque réponse « b » et 2 points à chaque réponse « c ».

40-50 points

Si vous n'avez pas encore réussi, vous ne devriez pas tarder et si vous connaissez déjà le succès, vous devriez atteindre de plus hauts sommets. Vous avez toutes les qualités nécessaires pour réussir : caractère, ténacité, flair, imagination et enfin, le plus important, l'ambition nécessaire pour vous propulser là où vous savez que vous pouvez aller. En veillant à ne pas devenir un bourreau de travail au détriment de votre famille, de vous-même et de votre bonheur et en maintenant un certain équilibre, vous parviendrez à atteindre la plupart de vos objectifs, tant dans votre vie personnelle que professionnelle.

20-39 points

Vous aspirez au succès et vous possédez la plupart des qualités requises pour y parvenir mais peut-être devriez-vous encore améliorer votre confiance en vous pour vous persuader de votre capacité à atteindre vos objectifs. Vous rêvez peut-être au succès sans y croire. Il ne tient qu'à vous de transformer ces rêves en réalité et de ne plus avoir de doutes sur vos capacités. Si vous travaillez dur et si votre travail profite plus aux autres qu'à vous-même, il est temps que vous en récoltiez les fruits. Lorsque vous serez convaincu que votre réussite est méritée et possible, vous devrez vous employer à en convaincre les autres. Ce n'est pas toujours facile mais c'est certainement possible, de tels exemples sont légion.

Moins de 20 points

Si vous souhaitez réussir un jour, vous allez devoir travailler dur et vous impliquer davantage dans la carrière que vous avez choisie. Mais est-ce vraiment ce que vous voulez ? Vous estimez peut-être que le bonheur est plus important que la réussite et que si certains ambitieux trouvent leur bonheur dans la réussite professionnelle, vous préférez une vie familiale heureuse, un travail stable sans trop de responsabilités et un salaire qui tombe tous les mois. Rappelez-vous que chaque individu est unique et que le bonheur consiste souvent à ne pas chercher à devenir ce que l'on ne souhaite pas vraiment être.

Aimez-vous prendre des risques ?

1 Que pensez-vous du vieil adage : « Vous devez spéculer pour accumuler » ?

    a) Je ne suis pas d'accord.

    b) Cela se vérifie parfois.

    c) Je suis d'accord.

2 Vous arrive-t-il souvent de brûler les feux rouges ?

    a) Jamais.

    b) Parfois.

    c) Assez souvent.

3 Avez-vous déjà pratiqué un sport dangereux ?

    a) Non.

    b) Non, mais je me laisserais bien tenter.

    c) Oui.

4 Avez-vous peur de prendre l'avion ?

    a) Oui.

    b) Un peu.

    c) Pas du tout.

5 Accepteriez-vous de sauter en parachute ?

    a) Jamais.

    b) Peut-être.

    c) Oui.

6 Vous participez à l'émission « Qui veut gagner des millions ? ». Vous venez de gagner 75 000 euros. La prochaine question pourrait vous rapporter 115 000 euros si vous répondez correctement, mais si vous vous trompez, vous ne gagnerez que 48 000 euros. Vous avez éliminé deux réponses possibles sur les quatre et vous être sûr à 75 % de la réponse. Choisissez-vous de courir le risque ou de partir avec 48 000 euros ?

   a) Je prends l'argent.

   b) Je ne sais pas, cela dépendra de ce que je ressentirai le moment venu.

   c) Je cours le risque.

7 Vous travaillez dans la même entreprise depuis 15 ans et vous êtes très content de votre niveau de vie et de la sécurité que vous procure votre emploi. Un jour, un chasseur de têtes vous contacte pour vous proposer un poste avec un salaire supérieur de 25 % mais dont la sécurité de l'emploi est moins garantie. Accepteriez-vous ce nouveau poste ?

   a) J'en doute.

   b) J'y réfléchirais soigneusement.

   c) Je pense que j'accepterais.

8 Dépassez-vous souvent la limite de vitesse autorisée sur l'autoroute ?

   a) Jamais.

   b) Parfois.

   c) Assez souvent.

9 Pensez-vous qu'il soit possible de calculer les risques ?

   a) Non.

   b) Parfois.

   c) Oui.

10 Laquelle de ces trois affirmations résume le mieux ce que vous pensez des assurances ?

   a) Je pense qu'il vaut mieux être trop assuré que pas assez.

   b) Je ne prends une assurance que si c'est nécessaire ou prudent d'en avoir une.

   c) Les assurances sont un mal nécessaire.

11 Avez-vous déjà entrepris quelque chose de très risqué que vous préférez garder pour vous ?

   a) Non, je ne crois pas.

   b) Je pense que cela m'est déjà arrivé.

   c) Oui, et je me suis bien amusé.

12 Pourriez-vous monter sur votre toit pour réparer quelques tuiles ?

   a) Hors de question.

   b) Je pourrais mais j'aurais un peu peur.

   c) Cela ne me poserait aucun problème.

13 Vous avez réservé vos vacances à Londres et deux jours avant de partir vous apprenez que la police a découvert deux bombes posées par des terroristes et les a faites exploser. Partirez-vous quand même en vacances ?

   a) Non, je pense que j'annulerai.

   b) Londres est une grande ville et la probabilité pour que je sois blessé s'il y avait une autre bombe est infime. Je pense que j'irai.

   c) Annuler ne me viendrait même pas à l'esprit.

14 Si vous étiez au chômage depuis longtemps, accepteriez-vous un travail dangereux comme par exemple celui de policier ou de pompier ?

   a) Non.

   b) Peut-être.

   c) Oui.

15 Attendez-vous toujours que le feu soit rouge pour traverser même s'il n'y a pas de voitures ?

    a) Non.

    b) Parfois.

    c) Jamais.

16 Vous venez de gagner 20 000 euros à la loterie et vous souhaitez réinvestir la moitié. Que choisiriez-vous de faire avec ces 10 000 euros ?

    a) Je les placerais sur un compte en banque avec un taux d'intérêt très élevé et un risque minime.

    b) Je les placerais à la banque sur un compte à taux d'intérêt élevé.

    c) J'achèterais d'autres billets de loterie.

17 Quelle sortie vous intéresse le plus ?

    a) Jouer aux cartes.

    b) Aller à l'hippodrome.

    c) Jouer dans un casino.

18 Seriez-vous prêt à parier une semaine de salaire sur une seule carte ?

    a) Jamais.

    b) Il faudrait que je sois vraiment sûr de moi.

    c) Oui, c'est très excitant.

19 Seriez-vous prêt à quitter un poste stable mais ennuyeux pour faire quelque chose de moins stable mais que vous aimeriez vraiment ?

    a) Non.

    b) Peut-être.

    c) Oui.

20 Si on vous proposait d'habiter dans l'une de ces trois villes américaines, laquelle choisiriez-vous ?

    a) Boston.

    b) Dallas.

    c) New York.

21 Quand vous réservez une chambre dans un hôtel, regardez-vous les consignes en cas d'incendie ?

    a) Oui.

    b) Parfois, si je les ai sous les yeux.

    c) Non.

22 Pourriez-vous à l'occasion enfreindre la loi, si vous en retiriez un grand avantage et étiez quasi certain de ne pas être inquiété ?

    a) Non, je n'oserais jamais même si je le voulais.

    b) Cela m'étonnerait mais on ne peut être sûr de rien tant qu'on n'est pas confronté à la situation.

    c) Je pense que oui.

23 Êtes-vous déjà monté sur des attractions réellement terrifiantes dans une fête foraine ?

    a) Jamais ou alors une seule fois.

    b) Plus d'une fois mais seulement parce que j'étais avec des amis qui voulaient le faire.

    c) Plus d'une fois parce que j'apprécie beaucoup les sensations que l'on ressent.

24 Accepteriez-vous de prendre des risques avec votre santé, en fumant par exemple ?

    a) Non.

    b) Cela m'est arrivé dans la passé mais j'ai appris que ce n'était pas une bonne chose.

    c) Oui, si toutefois on peut considérer le fait de fumer comme un risque.

(25) Comment préféreriez-vous qu'on vous décrive ?

    a) Stable et loyal.

    b) Sage et fiable.

    c) Fantaisiste et scandaleux(se).

Évaluation

Attribuez-vous 0 point à chaque réponse « a », 1 point à chaque réponse « b » et 2 points à chaque réponse « c ».

40-50 points

On ne prend aucun risque en affirmant que vous êtes un amoureux du risque. Si vous voulez vivre vieux, il faudra que l'on vous prête encore plus de vies que le célèbre chat qui en a neuf.

Personne ne peut vous accuser de mener une vie terne et beaucoup doivent admirer votre courage et votre style de vie. Vous avez probablement amassé ou dilapidé une véritable fortune, voire plusieurs, et vous ne manquez pas d'histoires à raconter sur vos exploits. Vous devriez peut-être écrire votre autobiographie, cela pourrait devenir un best-seller.

Trêve de plaisanterie, il serait peut-être opportun que vous appreniez à mieux contrôler vos pulsions en certaines occasions. Si vous y parvenez, vous accumulerez les succès et réussirez qui plus est à profiter de la retraite.

25-39 points

Vous avez réussi à trouver un équilibre entre le goût du risque et la prudence. Vous n'êtes pas contre le fait de prendre des risques mais vous calculez ceux que vous prenez et réfléchissez soigneusement à toutes les options possibles.

Votre prudence ne vous empêche pas de ressentir les émotions fortes éprouvées quand on prend des risques tant que votre vie n'est pas en danger et que votre existence s'en trouve à la fois enrichie et préservée.

Moins de 25 points

Vous êtes d'une extrême prudence et n'éprouvez nullement le besoin de prendre des risques. Vous choisissez toujours l'option la plus sensée.

Cette approche présente certains avantages mais n'oubliez pas que la vie est pleine d'expériences qu'il faut parfois savoir aller chercher en prenant quelques risques.

Entreprendre quelque chose juste pour le goût de l'aventure peut être extrêmement enrichissant et comporter peu de risques ou, en tout cas, ne présenter aucun danger vital. Alors, n'hésitez pas, lancez-vous !

Êtes-vous prude ou large d'esprit ?

(1) Vous vous promenez dans une galerie d'art avec votre partenaire quand vous tombez soudain nez à nez avec une grande statue représentant un nu masculin. Quelle est votre réaction ?

    a) Je me sens assez embarrassé.

    b) Je ne suis pas du tout embarrassé, c'est une très belle œuvre d'art.

    c) Je ressens une légère gêne que je tente de camoufler en plaisantant.

(2) Pensez-vous que les maisons closes devraient être légalisées ?

    a) Non.

    b) Oui, cela limiterait la prostitution dans la rue.

    c) Peut-être mais je n'en suis pas tout à fait sûr.

(3) Désapprouvez-vous la pornographie ?

    a) Oui, je suis absolument contre.

    b) Je ne suis pas vraiment contre.

    c) Je suis contre une certaine forme de pornographie, pas toutes.

(4) Vous mettriez-vous complètement nu dans un sauna mixte ?

    a) Non.

    b) Oui.

    c) Peut-être mais je serais très nerveux avant de m'y rendre.

5 Pensez-vous que les séries télévisées diffusées avant 21 h devraient aborder des sujets controversés comme les mariages gay ou les filles-mères ?

> a) Non, je pense que ces émissions doivent être exclusivement consacrées au divertissement familial.
>
> b) Oui, ce sont des sujets actuels auxquels nous devons tous réfléchir.
>
> c) Je ne sais pas quoi en penser mais s'ils devaient être abordés, il faudrait que cela soit avec tact et délicatesse.

6 Vous arrive-t-il de raconter des histoires grivoises ?

> a) Jamais.
>
> b) Oui, souvent.
>
> c) J'avoue en avoir racontées en de rares occasions.

7 Êtes-vous mal à l'aise lorsque la conversation prend un tour léger et que des insinuations sexuelles se mettent à fuser.

> a) Oui, c'est généralement le cas.
>
> b) Non.
>
> c) Oui, parfois.

8 Filmeriez-vous vos ébats amoureux avec votre partenaire ?

> a) Certainement pas.
>
> b) Oui, c'est très excitant.
>
> c) Je n'en suis pas sûr, il faudrait d'abord que l'on arrive à me convaincre.

9 Si l'on vous offrait 3 000 euros pour poser nu dans un magasine prestigieux, accepteriez-vous ?

> a) Non.
>
> b) Tout de suite.
>
> c) Cela me tenterait mais je ne suis pas sûr d'arriver à le faire.

10 Combien de fois discutez-vous de vos rapports sexuels avec votre partenaire ?

    a) Rarement ou jamais.

    b) Assez souvent.

    c) Pas très souvent.

11 Votre fille aînée vous annonce qu'elle va poser nue en couverture d'un magazine de charme. Comment réagissez-vous ?

    a) Je suis absolument horrifié et j'essaie de lui faire changer d'avis.

    b) Je suis flatté d'avoir une fille aussi belle ayant aussi bien réussi dans sa profession.

    c) Je suis un peu choqué et énervé mais je lui réponds que si c'est vraiment ce qu'elle souhaite, je ne chercherai pas à l'en empêcher.

12 Est-ce qu'entendre des gros mots vous dérange ?

    a) Oui.

    b) Non, cela ne me dérange pas et j'avoue en laisser parfois échapper quelques-uns.

    c) Cela ne me dérange pas mais je n'aime pas les entendre.

13 Votre partenaire et vous-même êtes en train de regarder la télévision lorsqu'en changeant de chaîne vous tombez sur un programme très érotique. Que faites-vous ?

    a) Je change vite de chaîne.

    b) Je continue à regarder en espérant que cela nous mettra en condition pour faire de même.

    c) Je continuerai probablement à regarder pendant un petit moment.

14 Êtes-vous d'accord avec la loi interdisant les émissions érotiques avant minuit ?

    a) Non, elle devrait être encore plus stricte.

    b) Non, elle devrait être moins stricte.

    c) Oui, je pense que c'est une bonne chose.

15 Qu'est-ce qui vous choque le plus à la télévision, le sexe explicite ou la violence explicite ?

    a) Le sexe explicite.

    b) La violence explicite.

    c) Les deux.

16 Vous êtes à une soirée et quelqu'un a commandé un strip-teaseur ou une strip-teaseuse pour l'un des invités. Quelle sera votre réaction ?

    a) Je resterai dans un coin et me ferai très discret ou sortirai de la pièce.

    b) Je me placerai à côté du destinataire de ce message pour ne rien rater du spectacle.

    c) Je regarderai discrètement pour ne pas gâcher l'ambiance mais j'essaierai de ne pas prendre part au spectacle.

17 Vous surprenez votre partenaire en train de regarder avec insistance un membre du sexe opposé. Comment réagissez-vous ?

    a) Je le réprimande.

    b) Je fais comme si je n'avais rien vu car il m'arrive assez souvent d'en faire autant.

    c) Je lui lance un commentaire sarcastique du type : « ça y est, tu t'es bien rincé l'œil ? »

18 Si l'occasion se présentait, participeriez-vous à une orgie ?

    a) Non.

    b) Oui.

    c) Peut-être.

19 Pensez-vous que la police devrait intervenir contre les exhibitionnistes au cours des manifestations sportives ou publiques ?

    a) Je pense que d'une manière générale, ils devraient être inculpés pour comportement indécent ou trouble de l'ordre public.

    b) Non, ils ne font que s'amuser.

    c) Cela dépend des circonstances.

20 Pensez-vous qu'il devrait y avoir plus de sex-shops ?

    a) Non.

    b) Oui, si la demande existe.

    c) Peut-être.

21 Préféreriez-vous que la censure soit plus ou moins stricte ?

    a) Plus.

    b) Moins.

    c) La censure actuelle me convient très bien.

22 Vous êtes à une soirée quand l'un des invités vous prend à part et vous raconte une histoire très grivoise. Quelle sera votre réaction ?

    a) J'interromps la personne avant qu'elle finisse son histoire en prétextant une affaire urgente ou bien je change brusquement le sujet de conversation.

    b) J'écoute son histoire et j'en raconte ensuite une autre dans le même ton.

    c) J'attends que mon interlocuteur ait terminé son histoire pour lui faire comprendre subtilement que je ne l'ai pas trouvée à mon goût.

23 Quelle est votre émission de télévision préférée ?

    a) Absolutely fabulous.

    b) Benny Hill.

    c) Ally Mac Beal.

24 Que pensez-vous d'Internet ?

    a) Cela ne m'intéresse pas vraiment et c'est inondé d'images pornographiques.

    b) C'est un outil de travail moderne très pratique et une source d'informations précieuse.

    c) C'est un outil d'apprentissage et une source d'informations très utile.

25 Est-ce que l'une ou plusieurs des 24 questions précédentes vous ont mis mal à l'aise ?

    a) Oui, j'en ai trouvé plusieurs très embarrassantes.

    b) Non, aucune.

    c) Un peu.

Évaluation

Attribuez-vous 2 points à chaque réponse « a », 0 point à chaque réponse « b » et 1 point à chaque réponse « c ».

40-50 points

Peut-être n'en avez-vous pas conscience mais votre score indique que vous êtes une personne probablement dotée de grandes valeurs morales mais extrêmement prude.

Même si ces valeurs sont tout à fait louables dans notre société moderne, rappelez-vous qu'un même problème peut être abordé avec des perspectives diverses. Les normes de conduite d'une personne sur ce qui est ou n'est pas moralement correct en société et donc sur la façon dont la société doit se conduire ne sont pas nécessairement les mêmes pour tous. Il est parfois difficile de dire qui a tort ou raison et de différencier le bien du mal dans certaines circonstances.

Même si vous avez raison de vous accrocher à vos valeurs morales, au point, parfois, de partir en campagne contre ce que vous pensez être perverti dans notre société, essayez de vous rappeler que nous avons tous des désirs différents, que nous n'aimons pas forcément les mêmes choses et que parfois, il n'y a rien de mal à s'amuser un moment, à faire preuve de libertinage à l'occasion ou à pimenter un peu sa vie.

25-39 points

Vous êtes assez large d'esprit et pas du tout prude.

Les valeurs morales ne vous font pas défaut, vous avez de l'humour et êtes capable de vous adapter à la plupart des situations. Lorsque, par exemple, vous êtes invité à une soirée vous savez parfaitement vous tenir mais si l'occasion se présente ou l'exige vous savez raconter des blagues grivoises et vous prendre au jeu.

Vous êtes dans la position enviable du juste équilibre. Vous profitez des deux mondes et votre vie n'en est que plus riche.

Moins de 25 points

Votre score indique que vous êtes exceptionnellement large d'esprit et doté d'un grand sens de l'humour.

Vous avez la chance d'avoir un esprit très ouvert et peu de choses vous choquent, si toutefois vous choquer est possible.

Une seule réserve possible : vous devez faire attention à ne pas imposer vos vues aux autres. Sur certains sujets brûlants tout le monde n'est pas aussi tolérant que vous et vous devriez respecter ces personnes et leurs opinions. Vous les considérez peut-être comme des rabat-joie mais elles ont autant le droit que vous d'avoir leurs propres opinions. Vous devriez avoir du respect pour elles et admirer le courage qu'elles montrent à défendre leur point de vue même s'il est diamétralement opposé au vôtre.

Êtes-vous stressé ou détendu ?

1 Vous rongez-vous les ongles ?

   a) Oui.

   b) Parfois.

   c) Non.

2 Vous arrive-t-il de ne pas pouvoir dormir car trop de choses tournent dans votre tête ?

   a) Oui, fréquemment.

   b) Parfois.

   c) Très occasionnellement.

3 Repensez-vous souvent à ce que vous avez fait et vous sentez-vous coupable ?

   a) Assez souvent.

   b) Parfois.

   c) Rarement voire jamais.

4 Avez-vous tendance à monter les événements en épingle ?

   a) Oui, cela m'arrive assez souvent.

   b) Oui, parfois.

   c) Parfois mais c'est assez rare.

5 Vous arrive-t-il de vous réveiller en vous sentant inquiet pour quelque chose ?

   a) Oui.

   b) Parfois.

   c) Très rarement.

6 Vous arrive-t-il de vous détendre complètement et de regarder la télévision ?

    a) Moins d'une fois toutes les deux semaines.

    b) Au moins une fois par semaine en moyenne.

    c) Plus d'une fois par semaine en moyenne.

7 Lorsque vous êtes en vacances, parvenez-vous à vous déconnecter totalement de votre travail ?

    a) Non, je suis bien trop occupé pour y arriver.

    b) J'essaie mais j'y pense toujours.

    c) Oui.

8 Êtes-vous, d'une manière générale, satisfait de votre vie ?

    a) Pas vraiment.

    b) Oui mais les choses pourraient être encore mieux.

    c) Oui.

9 Prenez-vous de longs bains pour vous détendre ?

    a) Non, je ne prends des bains que pour me laver.

    b) De temps en temps.

    c) Oui, un long bain est un très bon moyen de se détendre.

10 Lorsque vous ressentez des douleurs à des endroits inhabituels, avez-vous tendance à penser que cela pourrait être sérieux ?

    a) Oui, je m'inquiète jusqu'à ce que la douleur passe.

    b) Parfois.

    c) Pas vraiment mais si la douleur persiste, j'irai peut-être consulter un docteur pour vérifier.

Êtes-vous stressé ou détendu ?

11 Essayez-vous de dormir un minimum d'heures chaque nuit ?

a) Non, je suis bien trop occupé et la durée de mon sommeil varie considérablement d'une nuit à l'autre.

b) J'essaie mais je n'y arrive pas toujours.

c) Oui, j'essaie en général de dormir autant d'heures de sommeil que nécessaire pour être en forme le lendemain.

12 Vous décidez de regarder la finale de Roland-Garros à la télévision alors que vous avez d'autres choses plus importantes à faire. Vous sentez-vous coupable de regarder la télévision au lieu de travailler ?

a) Oui, cela m'empêche même de profiter pleinement de la finale.

b) Je me sens un peu coupable mais je mérite une pause et je sais que je rattraperai mon retard plus tard.

c) Non, je ne me sens pas du tout coupable.

13 Avez-vous déjà pensé à suivre une thérapie de relaxation comme l'acupuncture ou l'aromathérapie ?

a) Oui.

b) Non, mais c'est peut-être une idée.

c) Non.

14 Êtes-vous sensible au bruit ?

a) Oui, la nuisance sonore me met parfois les nerfs à vif.

b) Oui, de temps en temps.

c) Parfois mais, en général, cela ne me dérange pas beaucoup.

15 Vous arrive-t-il de marcher plus vite que d'habitude ?

a) Oui, la plupart du temps.

b) Parfois.

c) Pas très souvent.

16 Vous arrive-t-il d'avoir la gorge serrée lors de situations stressantes ?

    a) Oui.

    b) En de rares occasions.

    c) A priori non.

17 Votre métier est-il stressant, devez-vous par exemple respecter des délais serrés ?

    a) Oui.

    b) Pas toujours mais parfois.

    c) Non.

18 Pensez-vous que vous riez et souriez plus que la moyenne des gens ?

    a) Moins.

    b) A peu près pareil.

    c) Plus.

19 Vous arrive-t-il de ne penser qu'à une seule chose pendant des jours et des jours ?

    a) Assez souvent.

    b) Parfois.

    c) Très rarement voire jamais.

20 Pensez-vous au futur avec optimisme ?

    a) Non car cela m'inquiète beaucoup.

    b) Je ne suis ni pessimiste ni optimiste, il arrivera ce qui doit arriver.

    c) Oui, je suis assez optimiste.

21 Pensez-vous que faire du yoga serait bénéfique ?

    a) Je pense que ce serait une bonne idée si j'avais le temps et la patience.

    b) Pour quelle raison ?

    c) Non, pas particulièrement.

22 Vous a-t-on déjà demandé d'être moins stressé ?

    a) Oui, souvent.

    b) Oui, parfois.

    c) Non.

23 Avez-vous déjà souffert de symptômes liés au stress ?

    a) Oui.

    b) Non, mais je ne me risquerais pas à dire que cela n'arrivera pas.

    c) Non.

24 Votre vie sexuelle a-t-elle souvent souffert de votre stress ?

    a) À plusieurs reprises.

    b) Parfois.

    c) Jamais.

25 Vous arrive-t-il de vous sentir mal à l'aise, plus parce ce que vous vous sentez harcelé qu'embarrassé ?

    a) Assez souvent.

    b) Parfois.

    c) Rarement voire jamais.

Évaluation

Attribuez-vous 2 points à chaque réponse « a », 1 point à chaque réponse « b » et 0 point à chaque réponse « c ».

40-50 points

Votre score indique que vous êtes d'une nature particulièrement anxieuse et que vous avez tendance à monter les événements en épingle. Dans la mesure où c'est dans votre nature et que vous réagissez ainsi quand vous êtes sous pression, vous détendre et essayer de ne pas trop vous faire de soucis est plus facile à dire qu'à faire.

Rappelez-vous que l'anxiété conduit au stress et que le stress est responsable de nombreux problèmes de santé très sérieux. Donc, si cela vous est possible, essayez vraiment de vous relaxer. Rappelez-vous que le monde ne tourne pas autour de vous. Si vous vous autorisez une pause pour prendre du recul, vous vous sentirez probablement plus en paix avec le monde et avec vous-même et trouverez que la vie peut être beaucoup plus gratifiante que vous ne l'imaginiez.

De temps en temps, essayez de rompre votre routine en entreprenant une activité qui vous détende complètement, paresser dans le jardin, écouter de la musique ou regarder la télévision. Après cette période de calme, ne reprenez pas tout de suite le mors aux dents mais faites quelque chose qui vous plaise vraiment comme du lèche-vitrine, du golf ou du bricolage dans la maison. Cette activité vous aidera sans doute à relativiser et à reprendre votre travail avec plus de sérénité.

25-39 points

Même s'il vous arrive d'être stressé de temps à autre, c'est assez rare. Vous savez reconnaître le signal d'alarme indiquant que vous en avez trop fait et y répondre en vous reposant ou en ralentissant votre activité.

Moins de 25 points

Vous faites partie de ces rares privilégiés capables de prendre la vie comme elle vient sans se stresser. Il vous arrive de temps à autre de vous inquiéter, comme tout un chacun, mais vous essayez de limiter la fréquence et la durée de vos états anxieux. Selon votre philosophie, la majorité des événements ou des choses susceptibles de nous stresser n'arrivent jamais alors pourquoi se faire souci en les attendant.

Cette façon de voir la vie est enviable mais vous gagneriez à être parfois un peu plus sur vos gardes… Veillez à ce que la confiance accordée à vos semblables ne se transforme pas en naïveté.

Avez-vous l'âme d'un justicier ?

1 Quel est, à votre avis, l'objectif principal de l'incarcération ?

    a) Punir.

    b) Protéger le public.

    c) Réhabiliter.

2 Si une personne occupant de hautes fonctions est impliquée dans un scandale, que devrait-elle faire à votre avis ?

    a) Démissionner immédiatement.

    b) Cela dépend des circonstances et des personnes impliquées.

    c) Démissionner n'est pas forcément nécessaire car nous avons tous le droit de commettre une erreur.

3 Pensez-vous que les personnes condamnées à la prison à vie pour des crimes particulièrement odieux devraient finir leur jours en prison ?

    a) Oui.

    b) Oui, sauf cas exceptionnels.

    c) Pas nécessairement, il devrait y avoir une lumière au bout du tunnel pour chaque prisonnier.

4 Pourriez-vous envoyer quelqu'un en prison si vous en aviez le pouvoir ?

    a) Oui.

    b) Peut-être, mais à contrecœur.

    c) Non.

5 Prenez-vous souvent le parti de la minorité ?

   a) Rarement car elle a souvent tort.

   b) Parfois, si j'admire ou apprécie la personne qui défend cette position.

   c) Je suis généralement du côté des opprimés.

6 Vous travaillez dans une boutique et une personne vous rapporte un cadeau dont elle ne veut pas. C'est contraire à la politique de la maison de rembourser les clients. Comment allez-vous gérer cette situation délicate ?

   a) Je reste ferme et répète que c'est contraire à la politique de la maison de rembourser et je lui dis que je ne peux malheureusement rien faire.

   b) Je lui dis que je comprends sa situation mais que c'est contraire à la politique de la maison de rembourser et je lui suggère d'écrire à la direction si elle souhaite vraiment insister.

   c) Je vais voir le propriétaire de la boutique et j'essaie d'obtenir gain de cause.

7 Comment réagirez-vous en découvrant que l'un de vos collègues a légèrement majoré sa note de frais ?

   a) Je le dénonce à la direction.

   b) Je demande à d'autres collègues ce que je devrais faire à leur avis.

   c) Je le prends à part et lui dis que s'il n'arrête pas immédiatement de falsifier ses notes de frais, je le dénoncerai à la direction.

8 Que pensez-vous du vieil adage : « la punition doit être proportionnelle au crime » ?

   a) Je suis tout à fait d'accord.

   b) Je suis généralement d'accord mais je pense qu'il faut tenir compte des circonstances spécifiques de chaque crime.

   c) Je ne suis pas d'accord car on ne peut pas tout généraliser de cette façon. Il y a chaque fois trop de facteurs à prendre en compte.

9 Croyez-vous à la peine de mort ?

    a) Oui.

    b) Dans certaines circonstances exceptionnelles.

    c) Non.

10 Êtes-vous à cheval sur le règlement ?

    a) Oui.

    b) Habituellement, mais le contourner de temps en temps ne prête pas toujours à conséquences.

    c) Je ne suis pas particulièrement à cheval sur les règles et pense que celles-ci doivent parfois êtres revues et changées.

11 Dans le système judiciaire américain, les accusés doivent être reconnus coupables « au-delà du doute raisonnable ». Qu'en pensez-vous ?

    a) Cela permet à beaucoup de criminels de s'en tirer.

    b) Tout le monde a droit à un procès équitable.

    c) Il me paraît essentiel de ne pouvoir accuser quiconque sans solides preuves à l'appui.

12 Que pensez-vous des prisonniers libérés après plusieurs années de prison car il y a un doute sur leur culpabilité ?

    a) Je pense qu'ils sont coupables dans la plupart des cas.

    b) Je pense qu'il est juste de libérer ces prisonniers puisqu'il n'est plus avéré qu'ils aient commis le crime pour lequel ils ont été condamnés.

    c) Je ne peux pas m'empêcher d'être triste en pensant qu'une personne innocente a passé une partie de sa vie en prison.

13 Pensez-vous que les prisonniers ont une vie trop agréable en prison ?

    a) Oui.

b) Parfois.

c) Je pense qu'être privé de liberté est suffisamment dur pour qu'on ne leur impose pas de plus des conditions de vie très difficiles.

14 Vous apercevez un voisin très âgé en train de mettre par inadvertance un paquet de bonbons dans sa poche au lieu de le déposer dans son caddy. Que faites-vous ?

a) Je le dénonce au directeur du magasin.

b) Je ne dis rien puisque c'est un voisin.

c) Je lui signale discrètement ce qu'il vient de faire et lui demande s'il va bien.

15 Est-ce que les injustices commises dans d'autres pays vous inquiètent ?

a) Non, les autres pays ont le droit de promulguer leurs propres lois, cela ne nous concerne pas.

b) Cela ne m'inquiète pas mais je sais que ces injustices existent.

c) Oui.

16 Quel est, à votre avis, le point le plus important de la Convention européenne des droits de l'homme ?

a) La liberté de penser, de conscience et de religion ?

b) La liberté de réunion et d'association.

c) Le droit à un procès équitable.

17 Que pensez-vous des syndicats ?

a) Je ne suis pas partisan des syndicats.

b) Je pense qu'ils peuvent être utiles mais qu'il leur arrive de faire de la surenchère.

c) Ils sont absolument nécessaires pour protéger et représenter les droits des travailleurs.

18 Que pensez-vous de l'expression biblique : « œil pour œil, dent pour dent » ?

    a) Je suis d'accord.

    b) Je suis parfois d'accord.

    c) Je ne suis pas d'accord.

19 Pensez-vous que les sentences devraient être plus clémentes ?

    a) Très, très rarement.

    b) Parfois.

    c) Assez souvent.

20 Quel est votre film préféré ?

    a) Jack l'éventreur.

    b) Fenêtre sur cour.

    c) Douze hommes en colère.

21 Que pensez-vous des juges ?

    a) Ils sont justes.

    b) Ils sont trop vieux.

    c) Ils ont perdu le contact avec la réalité.

22 À votre avis, quel rôle les politiciens devraient-ils jouer dans le processus judiciaire ?

    a) Vérifier que la loi soit correctement interprétée.

    b) Vérifier que les sentences soient justes et appropriées.

    c) Légiférer.

23 Les victimes devraient toujours être entendues avant que la sentence soit prononcée. Qu'en pensez-vous ?

    a) Entièrement d'accord.

    b) Cela n'ajouterait pas grand chose.

    c) Je ne suis pas particulièrement pour.

(24) Un ami très proche est poursuivi en justice. Que ressentez-vous ?

> a) S'il est coupable, il doit se préparer à recevoir le châtiment qu'il mérite.
>
> b) J'espère qu'il sera jugé non-coupable.
>
> c) Je souhaite qu'il soit reconnu innocent mais s'il est coupable, il doit être puni comme tout le monde.

(25) Enfreindriez-vous la loi pour une cause juste ?

> a) Non.
>
> b) Je ne sais pas.
>
> c) Oui.

Évaluation

Attribuez-vous 0 point à chaque réponse « a », 1 point à chaque réponse « b » et 2 points à chaque réponse « c ».

40-50 points

Vous avez un sens aigu de la justice que vous compensez par un sens du fair-play tout aussi développé et la conviction que la société doit toujours chercher à comprendre les circonstances d'un crime et, si possible, essayer de réhabiliter les criminels. Même si vous estimez juste de châtier le criminel qui le mérite, vous ne souhaitez pas pour autant le savoir enfermé dans une pièce dont on aurait jeté la clé.

L'injustice vous révolte ; c'est aussi important pour vous que d'attraper les criminels et de les condamner.

Cela ne signifie pas que vous manquiez de fermeté ou que vous soyez trop tolérant vis-à-vis de certains criminels. Vous êtes convaincu que tous les accusés ont droit à un procès équitable et à une condamnation appropriée s'ils sont reconnus coupables. Vous avez également développé une grande conscience sociale et vous vous préoccupez des problèmes inhérents à la société humaine car vous considérez qu'ils sont aussi essentiels que l'application de la justice et la nécessité de juger les criminels pour leurs actes.

25-39 points

Vous n'êtes pas un ardent défenseur de la justice mais néanmoins vous êtes convaincu que la condamnation doit être proportionnelle au crime et que la justice doit être la même pour tous. Mais l'application de la justice ne vous préoccupe pas autant que d'autres sujets plus importants à vos yeux.

Vous êtes persuadé que l'on récolte ce que l'on a semé. Vous pensez réussir en travaillant dur et, d'une manière générale, que nous sommes responsables de notre destin. Vous avez foi en une justice naturelle.

Moins de 25 points

Votre résultat indique que vous avez un sens très développé de la justice et êtes particulièrement intolérant vis-à-vis de ceux qui transgressent les lois de notre société. Vous croyez aux condamnations sévères et, selon vous, la seule façon de vivre dans une société meilleure est de suivre les lois à la lettre et de prononcer des condamnations très strictes pour les criminels endurcis ou très dangereux. Vous n'êtes pas convaincu que les criminels dangereux puissent être réhabilités car vous estimez qu'un animal sauvage ne peut pas être domestiqué. Le respect de la justice est pour vous une question cruciale et si cela ne dépendait que de vous, vous n'auriez de répit qu'une fois une injustice réparée et la justice appliquée.

Êtes-vous un leader ou un suiveur ?

1 Quelle est la fonction la plus élevée que vous ayez occupée au cours de votre carrière professionnelle ?

   a) Directeur, gérant ou manager.

   b) Responsable.

   c) Aucune des fonctions mentionnées ci-dessus.

2 Avez-vous déjà fait partie d'une association ?

   a) Oui, en tant que président.

   b) Oui, en tant que membre.

   c) Non.

3 Pensez-vous que vous feriez un bon politicien ?

   a) Oui.

   b) Peut-être.

   c) Non.

4 Quelle est votre principale ambition ?

   a) Gravir les plus hauts échelons dans ma profession.

   b) Être à l'abri du besoin.

   c) Avoir une vie de famille agréable et stable.

5 Préférez-vous suivre la dernière mode ou vos propres envies ?

   a) Mes propres envies.

   b) Un peu des deux.

   c) La dernière mode.

6 Recevoir des ordres vous dérange-t-il ?

    a) Cela ne me plaît pas beaucoup.

    b) C'est parfois nécessaire et cela ne me dérange pas si ces ordres sont justifiés.

    c) Absolument pas.

7 Quel type de travail préférez-vous ?

    a) Je préfère tout organiser pour les autres.

    b) Je préfère me débrouiller seul.

    c) J'aime quand tout a été organisé pour moi.

8 Un collègue avec lequel vous avez travaillé à égalité pendant plusieurs années se voit soudain offrir un poste supérieur au vôtre. Quelle est votre réaction ?

    a) Je suis très déçu et je ne suis pas sûr d'arriver à m'en remettre.

    b) Je me demande pourquoi je n'ai pas été choisi tout en espérant que cette promotion n'affectera pas nos relations ni la qualité de notre travail dans le futur.

    c) Même si je suis déçu de ne pas avoir été choisi, je ne ressens aucune jalousie vis-à-vis de mon collègue et je le félicite sincèrement.

9 Lorsque vous avez commencé à travailler, comptiez-vous occuper un jour de hautes fonctions ?

    a) Oui.

    b) Je l'espérais plus que je n'y comptais.

    c) Non, ce n'est pas à cela que je pensais.

10 Avez-vous déjà participé de façon active à la vie du CE de votre entreprise, en organisant un voyage par exemple ?

    a) Oui.

    b) Non, mais il n'est pas impossible que je le fasse un jour.

    c) Non, je préfère laisser les autres s'en charger.

11 Avez-vous été élu délégué de classe quand vous étiez à l'école ?

    a) Oui.

    b) Non, mais j'ai été délégué suppléant.

    c) Non.

12 Pensez-vous être pris en exemple ?

    a) Oui.

    b) Parfois.

    c) Pas particulièrement.

13 Quitterez-vous un poste stable mais sans opportunité de promotion pour un poste à rémunération équivalente, moins stable mais avec de grandes possibilités d'évolution ?

    a) Oui.

    b) Je ne suis pas vraiment sûr de ce que je ferai tant que je ne suis pas confronté à la situation.

    c) Non.

14 Admirez-vous les personnes de pouvoir ?

    a) Non.

    b) Parfois.

    c) Oui, c'est généralement le cas.

15 Pensez-vous que nous sommes tous égaux ?

    a) Non.

    b) Oui, même si certains sont plus égaux que d'autres.

    c) Oui, je crois à une société sans classe.

16 Pensez-vous que les syndicats doivent avoir beaucoup de pouvoirs ?

    a) Non.

    b) Jusqu'à un certain point.

    c) Oui.

17 Avez-vous déjà organisé une manifestation pour vous opposer à une cause à laquelle vous ne croyiez pas ?

    a) Oui.

    b) Non, mais j'ai déjà participé à ce genre de manifestations.

    c) Non.

18 Quel est le politicien que vous admirez le plus ?

    a) Margaret Thatcher.

    b) Bill Clinton.

    c) Lech Walesa.

19 Pensez-vous qu'au XXIe siècle il soit nécessaire de diriger fermement un pays ?

    a) Oui, je pense que c'est toujours nécessaire.

    b) Une politique ferme est souhaitable tant que les citoyens ne deviennent pas des assistés.

    c) Non, je pense que ce type de gouvernement est un concept dépassé auquel il faut préférer la coopération entre la classe politique et les électeurs.

20 Est-ce que les personnes qui vous entourent, hormis votre famille proche, se tournent vers vous pour vous demander conseil ?

    a) Oui, souvent.

    b) Parfois.

    c) Jamais ou très rarement.

21 La perspective de détenir un jour le pouvoir vous grise-t-elle ?

    a) Oui.

    b) Non.

    c) Je n'y ai même jamais pensé.

22 Vous êtes au restaurant avec un groupe d'amis. Le service est déplorable. Voyant que les choses ne s'arrangent pas au bout d'une heure et après de nombreuses plaintes, que décidez-vous de faire ?

    a) Je suggère à mes amis de partir en signe de protestation.

    b) Je reste assis en continuant à me plaindre et je demande aux autres ce qu'il convient de faire en pareille situation.

    c) J'attends que quelqu'un fasse une suggestion et j'accepterai la décision de la majorité.

23 Avez-vous déjà organisé des réunions ?

    a) Oui, plus d'une fois.

    b) Oui, une fois.

    c) Jamais.

24 Comment réagissez-vous aux critiques cinglantes ?

    a) Elles ne m'atteignent pas.

    b) J'essaie de ne pas y être sensible mais avoue qu'elles peuvent parfois être blessantes.

    c) J'y suis assez sensible.

25 Quelle est, à votre avis, la qualité la plus importante d'un leader ?

    a) Le charisme.

    b) La capacité à motiver.

    c) L'expérience.

Évaluation

Attribuez-vous 2 points à chaque réponse « a », 1 point à chaque réponse « b » et 0 point à chaque réponse « c ».

35-50 points

Vous possédez de grandes qualités de leader et aspirez à cette position, si toutefois vous ne l'occupez pas déjà, dans la profession que vous vous êtes choisi.

Vous n'aimez participer à l'organisation d'un événement que si vous en êtes le responsable. Vous aimez être sur le devant de la scène, être vu en train de diriger et vous trouvez frustrant de devoir laisser les rênes à quelqu'un d'autre.

Il n'y a rien à redire à cette attitude tant que vous ne vous emportez pas contre ceux qui pourraient à l'occasion vous remettre en question. Rappelez-vous que l'on est jamais trop vieux pour apprendre ou pour changer sa façon de faire. De plus, en management, consulter ses subordonnés est aussi important que s'attendre à ce qu'ils suivent vos ordres sans poser de questions.

Mots clés : ambition, dynamisme, détermination, souplesse.

16-34 points

Vous possédez des qualités de leader et vous aimez être sur le devant de la scène bien que vous ne considériez pas que ce soit dans la vie la chose la plus importante. Laisser les rênes à quelqu'un d'autre ne vous dérange pas tant que l'on vous consulte et que vous êtes d'accord avec la décision adoptée et la manière de l'appliquer.

Mots clés : consciencieux, bon équipier, patient, philosophe.

Moins de 16 points

Il semblerait qu'occuper une position de leader ne vous intéresse pas outre mesure et que vous préfériez laisser les autres prendre l'initiative.

Même s'il y a peu de chances pour que vous occupiez un jour de hautes fonctions, il est possible que le sérieux et la qualité de votre travail vous conduise à recevoir de temps à autre une promotion inattendue.

Vous manquez peut-être de confiance en vos propres capacités et vous ne souhaitez pas être considéré comme une personne se mettant continuellement en avant. Vous êtes content de votre sort et de la vie que vous avez.

Mots clés : content, travailleur, peu d'ambition, altruiste.

Créativité

Le terme *créativité* fait référence aux processus mentaux qui conduisent à des solutions, des idées, des concepts, des formes artistiques, des théories ou des produits inédits et innovants.

Les capacités créatives sont rattachées à l'hémisphère droit de notre cerveau. La majorité des individus exploite moins cet hémisphère que l'hémisphère gauche où se trouve le processus de réflexion. Ce dernier se caractérise par l'ordre, la linéarité et la logique et contrôle les fonctions numériques et les compétences verbales.

L'hémisphère droit étant moins utilisé, le talent créatif d'un certain nombre d'artistes en puissance restent inexploité toute leur vie. Faute d'avoir essayé, nous ignorerons toujours ce dont nous sommes capables. Le cerveau de chacun de nous possédant un côté créatif, nous sommes tous des créateurs potentiels. Cependant, les pressions exercées par le monde moderne et le besoin de spécialisation restreignent pour beaucoup le temps ou l'opportunité d'explorer ces talents latents. Très peu d'entre nous se trouvent encouragés à le faire. Pourtant, nombreux sont ceux qui ont largement de quoi tirer parti du potentiel de données récoltées et traitées dans leur cerveau pendant plusieurs années.

La créativité est très difficile à mesurer parce que le sujet est très vaste et que le talent créatif de la plupart reste en grande partie inexploré.

Les trois exercices qui suivent ont tous été conçus pour vous permettre d'améliorer ou de reconnaître vos aptitudes créatives personnelles, votre capacité à émettre de nouvelles idées et vos talents artistiques.

Exercice 1

Utilisez votre imagination pour créer un croquis original ou dessiner quelque chose d'identifiable à partir du symbole représenté dans chacune de ces cases.

Vous avez 30 minutes pour terminer les 12 dessins.

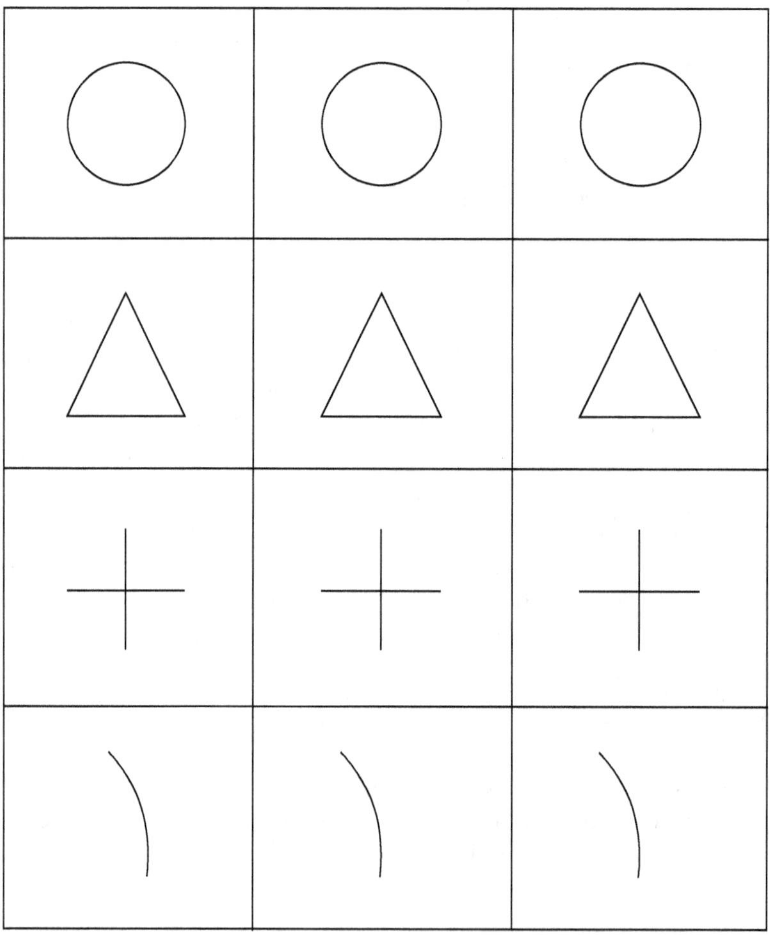

Analyse

Vous pouvez évaluer ce test vous-même mais le mieux serait de faire appel à un ami ou à un membre de votre famille.

Attribuez-vous un point pour chaque dessin original. Il doit impérativement être unique. Si vous avez déjà dessiné un visage, par exemple, un deuxième visage ne vous donnera aucun point.

Les points que vous obtenez notent la variété. Si vous êtes créatif, vous aurez tendance à dessiner chaque fois quelque chose de différent. Il n'existe pas de bonnes réponses car il est possible de dessiner un nombre infini de croquis.

Évaluation :

11-12 points	extrêmement créatif
7-10 points	très créatif
4-6 points	dans la moyenne

Vous pouvez recommencer l'exercice autant de fois que vous le désirez. Essayez de partir d'autres formes géométriques.

Exercice 2

Le but de cet exercice est d'interpréter chacun des douze dessins présentés ci-dessous avec le plus d'imagination et de fantaisie possible.

Vous pouvez jouer à plusieurs. Plus la réponse sera ingénieuse, plus vous ferez preuve de créativité. Par exemple, vous pouvez imaginer que le dessin numéro 1 représente le bout d'une queue de billard. Mais ne pourrait-il pas être autre chose ? Débridez votre imagination, laissez-vous aller et vous serez peut-être surpris du résultat.

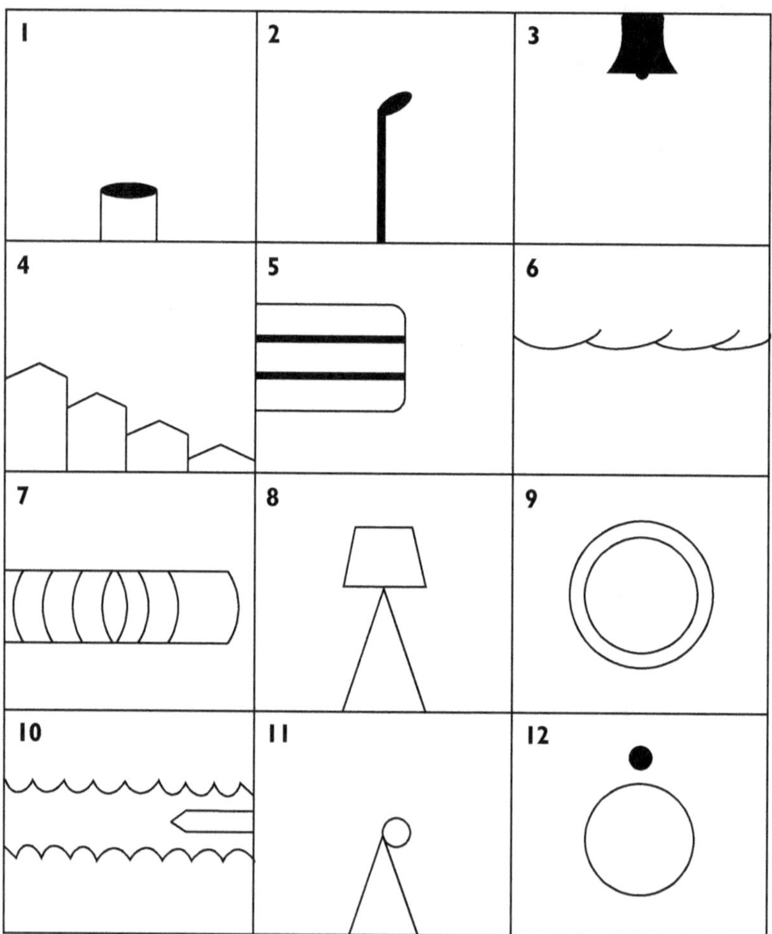

96

Exercice 3

Ce test se fonde sur la théorie de la Gestalt et le test de Jackson sur le raisonnement divergent dans lequel le sujet doit donner à un objet ordinaire comme une brique ou un bout de ficelle autant d'utilisations nouvelles que possible.

Vous avez 10 minutes pour trouver 12 nouvelles façons d'utiliser un seau. Il est important que vous respectiez le temps imparti pour que votre score soit valable.

1 ....

2 ....

3 ....

4 ....

5 ....

6 ....

7 ....

8 ....

9 ....

10 ....

11 ....

12 ....

Évaluation et analyse

Vous pouvez évaluer ce test vous-même mais le mieux serait de faire appel à un ami ou à un membre de votre famille.

Créativité

Attribuez :
2 points pour chaque bonne réponse originale
1 point pour une tentative louable
0 points par réponse absolument impossible

Évaluation :

18-24 points	très créatif
13-17 points	au-dessus de la moyenne
7-12 points	dans la moyenne

Recommencez cet exercice mais cette fois avec un trombone.

1 ....

2 ....

3 ....

4 ....

5 ....

6 ....

7 ....

8 ....

9 ....

10 ....

11 ....

12 ....

Vous pouvez recommencer cet exercice autant de fois que vous en avez envie en prenant d'autre objets ordinaires comme un peigne, un élastique ou une bouteille de lait vide.

Occupez-vous le bon poste ?

Choisissez l'option qui vous correspond le mieux pour chacune des 25 questions présentées ci-dessous.

1 Pourquoi travaillez-vous ?

    a) Pour gagner de l'argent.

    b) Pour gagner de l'argent et pour m'occuper.

    c) Par satisfaction professionnelle et pour gagner de l'argent.

2 Vous arrive-t-il souvent de postuler à un nouvel emploi que ce soit au sein de votre entreprise ou à l'extérieur ?

    a) Plus de deux fois par an.

    b) Deux fois par an.

    c) Moins de deux fois par an.

3 Comment décririez-vous votre philosophie du travail ?

    a) Travailler est un mal nécessaire.

    b) C'est une façon de gagner sa vie.

    c) Travailler doit être un plaisir.

4 Comment vous entendez-vous avec vos collègues de travail ?

    a) Je ne les apprécie pas du tout.

    b) Plus ou moins bien.

    c) Ce sont à la fois mes amis et mes collègues.

5 Vous n'avez pas terminé le dossier sur lequel vous étiez en train de travailler au moment où vous devez rentrer chez vous. Que faites-vous ?

> a) Je rentre chez moi et je terminerai ce travail le lendemain matin.
>
> b) Je termine mais je demande des heures supplémentaires.
>
> c) Je boucle le dossier, que mes heures supplémentaires soient payées ou non.

6 Quelles sont vos relations avec votre supérieur ?

> a) Pas très bonnes.
>
> b) Satisfaisantes.
>
> c) Je suis le patron.

7 À quoi pensez-vous en vous réveillant un lundi matin après une semaine de vacances ?

> a) J'ai redouté ce jour toute la semaine.
>
> b) Allez, il est temps de reprendre le travail.
>
> c) Je vais arriver plus tôt au travail pour apprendre tout ce qui s'est passé la semaine dernière.

8 Que pensez-vous de votre travail ?

> a) Très ennuyeux.
>
> b) Il pourrait être plus intéressant ou plus varié.
>
> c) J'aime ce que je fais.

9 Comment vous sentez-vous après une journée de travail ?

> a) Je suis content que la journée soit enfin finie.
>
> b) Je suis épuisé à la fois physiquement et mentalement.
>
> c) Je suis satisfait de ma journée.

10 Il est quinze heures, il ne vous reste plus que deux heures à faire. Que pensez-vous ?

    a) Les deux prochaines heures vont être très longues.

    b) Comment vais-je arriver à tout finir avant 17 h.

    c) Le temps passe vite.

11 Vous arrive-t-il d'être tendu au travail ?

    a) Tous les jours ou presque.

    b) Plus d'une fois par semaine.

    c) Très rarement.

12 Vous arrive-t-il de vous auto-déclarer malade et incapable d'aller travailler ?

    a) Plus de cinq jours par an.

    b) Moins de cinq jours par an.

    c) Moins de deux jours par an.

13 Vous arrive-t-il d'être déprimé le dimanche en fin d'après-midi à l'idée de retourner au travail le lendemain matin ?

    a) Oui, fréquemment.

    b) Parfois.

    c) Je ne me sens jamais déprimé à l'idée de retourner au travail le lendemain.

14 Vous arrive-t-il de regarder la pendule ou de consulter votre montre au cours de la journée quand vous êtes au bureau ?

    a) Au moins une fois par heure.

    b) Deux ou trois fois par jour probablement.

    c) Rarement.

15 Qu'est-ce qui vous préoccupe le plus dans votre travail ?

    a) La sécurité de l'emploi.

    b) Le surmenage.

    c) Être 100 % compétent et professionnel.

16 Que pensez-vous des nouvelles technologies ?

    a) Je préfère ne pas m'en servir si je peux l'éviter.

    b) Je dois vivre avec mon temps mais je m'inquiète parfois de ne pas être assez souple pour m'adapter.

    c) Je pense qu'elles représentent un défi intéressant.

17 On vous demande de suivre une formation. Comment réagissez-vous ?

    a) Cela ne me tente pas vraiment. Je préfère ne pas y aller si c'est possible.

    b) D'accord mais je suis bien trop occupé pour y aller.

    c) Je suis tout à fait d'accord si la formation concerne directement mon activité.

18 L'entreprise pour laquelle vous travaillez vous intéresse-t-elle beaucoup ?

    a) Pas vraiment. Je suis ici pour faire mon travail un point c'est tout.

    b) Je me tiens au courant de ce qui se passe mais ma préoccupation principale reste mon travail.

    c) Mon entreprise m'intéresse beaucoup.

19 Riez-vous souvent avec vos collègues ?

    a) Pas très souvent.

    b) Parfois

    c) Assez souvent.

20 Vous arrive-t-il de rêver au bureau ?

    a) Oui, souvent.

    b) Je n'ai pas le temps de rêvasser.

    c) Parfois.

21 Si on vous demandait d'écrire un article sur votre passe-temps pour la lettre de l'entreprise, que répondriez-vous ?

    a) J'écrirais l'article pendant mes heures de bureau en pensant que cela me change agréablement de mon travail habituel.

    b) Je demanderais à écrire l'article en heure supplémentaire.

    c) J'écrirais l'article chez moi.

22 Votre journée de travail commence officiellement à 8 h 30. Si vous arrivez au bureau en avance, que faites-vous ?

    a) Je me demande comment j'ai fait pour arriver avec autant d'avance.

    b) Je lis mon journal jusqu'à 8 h 30.

    c) Je commence à travailler aussitôt arrivé.

23 Assistez-vous aux événements sociaux organisés par votre entreprise ?

    a) Jamais

    b) Parfois.

    c) Assez souvent.

24 On vous annonce soudainement que l'entreprise déménage à l'autre bout du pays et que vous avez le choix entre déménager ou être licencié. Quelle est votre réaction immédiate ?

    a) Cela ne m'inquiète pas vraiment. Je pense que je choisirai d'être licencié et je postulerai ailleurs.

    b) Je suis très embêté et trouve la décision difficile à prendre.

    c) Je préfère, si possible, déménager.

25 Vous rendez-vous souvent à des déjeuners de travail ?

    a) Jamais.

    b) Toujours.

    c) Parfois.

Évaluation

Attribuez-vous 2 points à chaque réponse « c », 1 point à chaque réponse « b » et 0 point à chaque réponse « a ».

40-50 points

Vous êtes dans une position enviable. Vous exercez un métier qui vous plaît dans un environnement agréable. Les lundis matins ne vous posent aucun problème. Vous êtes même assez impatient de faire face aux nouveaux défis que chaque nouvelle journée de travail ne manquera pas de vous apporter, ce qui provoque sûrement la jalousie de vos collègues. Le bonheur que vous ressentez dans votre vie professionnelle rejaillit sur votre vie personnelle et rend votre existence moins stressante. À moins d'éprouver le besoin d'évoluer, pour des raisons financières par exemple, vous n'avez aucune raison de changer de vie professionnelle.

25-39 points

Votre niveau de satisfaction professionnelle est dans la moyenne. Vous appréciez énormément votre travail mais parfois, vous perdez courage et vous en venez même à le détester. Pour vous, travailler est un mal nécessaire et si vous n'aviez pas besoin de gagner votre vie, vous vous en passeriez volontiers. Vous attendez le week-end et les vacances avec impatience mais vous avez conscience que votre situation pourrait être bien pire. Essayez de profiter au maximum des aspects que vous appréciez et réfléchissez aux moyens d'améliorer ceux qui vous paraissent moins satisfaisants. Rien ne vous empêche de chercher un travail plus agréable et d'explorer le marché du travail mais n'acceptez pas la première offre venue. Rappelez-vous qu'il vaut mieux un mal que l'on connaît qu'un mal que l'on ne connaît pas.

Moins de 25 points

Réfléchissez avec votre supérieur ou vos collègues aux moyens d'améliorer le poste que vous occupez. Si c'est impossible, vous devriez sérieusement songer à changer de travail, que ce soit au sein de votre entreprise actuelle ou dans une autre. Vous pouvez même envisager de changer complètement de carrière. Votre travail ne vous satisfait pas et la frustration que vous ressentez peut avoir, à court ou à long terme, des répercussions sur votre vie privée et affecter vos amis et votre famille. Changer demande parfois du courage. C'est à vous de choisir la vie que vous souhaitez mener.

Êtes-vous un saint ou un pécheur ?

1 Que pensez-vous du dicton « charité bien ordonnée commence par soi-même » ?

    a) Je ne suis pas d'accord.

    b) Oui, si c'est nécessaire.

    c) Je suis d'accord.

2 Pensez-vous que vous serez toujours fidèle à votre conjoint ou que vous aurez un jour une liaison extraconjugale ?

    a) Je serai toujours fidèle.

    b) Je ne sais pas.

    c) J'aurai une liaison.

3 Mangez-vous pour vivre ou vivez-vous pour manger ?

    a) Je mange pour vivre.

    b) Les deux.

    c) Je vis pour manger.

4 Vous êtes-vous déjà faufilé en douce dans une queue ?

    a) Non.

    b) Oui, mais très rarement.

    c) Oui, plus d'une fois.

5 Un collègue gagne 3 millions d'euros au loto, comment réagissez-vous ?

    a) Je suis sincèrement ravi pour lui.

    b) Je suis content pour lui mais j'aimerais bien avoir sa chance.

    c) Sacré veinard ! Pourquoi n'est-ce pas moi qui les ai gagnés ?

6 Si vous ne parveniez pas à contrôler votre colère, envisageriez-vous d'aller consulter un psychiatre pour y remédier ?

    a) Oui.

    b) Non, j'essaierais de régler le problème tout seul. À partir du moment où j'ai pris conscience du problème, je devrais être capable de prendre les mesures nécessaires pour arranger les choses.

    c) Non.

7 Vous êtes célibataire et votre meilleur ami sort avec une personne qui vous attire beaucoup. Quelle conduite adoptez-vous ?

    a) Je tais mes sentiments tant que la relation entre mon ami et cette personne continue.

    b) Je garde mes sentiments pour moi mais j'essaie, par un flirt subtil, de savoir si cette attirance est un tant soit peu réciproque.

    c) Je m'arrange pour qu'elle soit immédiatement au courant des sentiments qu'elle m'inspire et je fais tout pour qu'elle succombe à mon charme.

8 Que pensez-vous du dicton « Mieux vaut assez que trop » ?

    a) Je suis d'accord. Je ne mange que la quantité de nourriture nécessaire pour satisfaire mon appétit.

    b) Je suis d'accord mais ne pas finir son assiette est impoli.

    c) Je ne suis pas d'accord, je suis toujours partant pour un bon repas.

9 Aimeriez-vous avoir la sagesse de Salomon ?

    a) Oui, c'est une qualité appréciable.

    b) Peut-être, en certaines occasions.

    c) Je n'y ai jamais pensé.

10 Que pensez-vous de ceux qui vantent leurs réussites ?

    a) Ils manquent de confiance en eux et craignent d'être sous-estimés.

    b) Ils ne me dérangent pas.

    c) Ils m'ennuient.

11 Croyez-vous au triomphe du bien sur le mal ?

    a) Oui.

    b) Je n'en suis pas sûr.

    c) Certainement pas à notre époque.

12 Pensez-vous être un éternel optimiste ?

    a) Oui.

    b) Je ne suis pas un éternel optimiste mais je pense être assez optimiste.

    c) Non, je pense que l'adjectif pessimiste me correspond mieux.

13 Devez-vous vous motiver pour accomplir des tâches rébarbatives ?

    a) Un peu mais ce qui doit être fait doit être fait.

    b) Assez souvent.

    c) Enormément et si je peux éviter de les faire ou les confier à quelqu'un d'autre, je n'hésite pas.

14 Essayez-vous de faire aussi bien que votre entourage ?

    a) Non.

    b) Je ne cherche pas à savoir ce qu'ils font.

    c) Oui, si possible.

15 Vous est-il déjà arrivé de faire un don au téléthon ou à une autre cause soutenue par une chaîne de télévision ?

    a) Souvent.

    b) Parfois.

    c) Jamais.

16 Quelle est votre position religieuse ?

    a) Je crois en Dieu.

    b) Je suis agnostique.

    c) Je suis athée.

17 Avez-vous déjà été ivre au point de ne plus pouvoir marcher droit ?

    a) Jamais.

    b) Moins de cinq fois.

    c) Cinq fois ou plus.

18 Pensez-vous que les criminels ayant commis des crimes très sérieux devraient être réintégrés dans la société ?

    a) Oui, s'ils ont purgé leur peine et se sont amendés. Je pense que la réhabilitation des prisonniers est une réussite à la fois pour eux et pour la société et nous devrions les accepter sans arrière-pensée.

    b) Peut-être mais seulement dans des circonstances exceptionnelles.

    c) Je pense que nous ne devrions jamais permettre à certains criminels de retrouver leur liberté et je crains qu'ils ne redeviennent jamais des citoyens convenables.

19 Qu'admirez-vous le plus ?

    a) Le triomphe sur l'adversité.

    b) Un acte de grand courage.

    c) Ceux qui réussissent à passer de la misère à la richesse.

20 Les cigarettes sont-elles, à votre avis, une forme de drogue ?

    a) Oui.

    b) Je n'en suis pas sûr.

    c) Non.

21 Croyez-vous à la légalisation des drogues douces ?

    a) Non.

    b) Peut-être.

    c) Oui.

22 Pensez-vous que parier est nuisible ?

    a) Oui.

    b) Seulement si cela dépasse le cadre de l'amusement.

    c) Non, si les gens ont envie de parier, cela les regarde.

23 Combien d'heures par jour regardez-vous la télévision en moyenne ?

    a) Moins de deux heures.

    b) Plus de deux heures mais moins de quatre heures.

    c) Plus de quatre heures.

24 Les personnes qui collectent des fonds au supermarché vous ennuient-elles ?

    a) Non.

    b) Parfois.

    c) Oui.

25 Lorsque vous menez la grande vie, vous arrive-t-il de penser aux millions de personnes qui meurent de faim dans le monde ?

    a) Oui.

    b) Non, mais je devrais peut-être.

    c) Non.

Évaluation

Attribuez-vous 2 points à chaque réponse « a », 1 point à chaque réponse « b » et 0 point à chaque réponse « c ».

Les sept péchés capitaux	*Les sept vertus*
La paresse	La charité
La colère	La foi
La convoitise	Le courage
La jalousie	L'espoir
La gourmandise	La justice
La luxure	La prudence
L'orgueil	La modération

40-50 points

Votre score indique que vous êtes un saint avec de très grandes valeurs morales.

Le seul problème, et vous en avez très probablement conscience, vient des contraintes et des règles de conduite que vous vous êtes imposées pour respecter ces valeurs.

Vous devez impérativement garder à l'esprit que nous sommes tous différents et que tout le monde ne peut pas vivre selon les mêmes principes. Ceux qui ne partagent pas vos valeurs ne sont pas mauvais pour autant. La tolérance est une vertu qui a également son importance

25-39 points

Vous n'êtes ni un saint ni un pécheur. Vous savez faire la différence entre ce qui est bien et ce qui est mal mais cela ne vous empêche pas de vous défouler de temps en temps et de vous montrer un peu hédoniste.

Nous sommes tous saint et pécheur à la fois mais certains d'entre nous sont plus saint que pécheur et vice versa.

Moins de 25 points

Il n'y a pas de doute, vous êtes un pécheur.

Cela ne fait pas nécessairement de vous un mauvais individu. Le moins qu'on puisse dire est que vous ne manquez pas d'honnêteté, sinon vous auriez répondu différemment aux questions ci-dessus et votre score vous aurait placé dans la moyenne.

Vous estimez sûrement que vous savez profiter de la vie mais vous aurez peut-être avantage à montrer plus d'humilité et à vous soucier de ceux qui ne sont pas aussi chanceux que vous.

Savez-vous prendre la vie du bon côté ?

1 Que ressentez-vous à la fin des vacances ?

a) Je suis énervé et un peu déprimé de voir mes vacances toucher à leur fin.

b) J'ai hâte d'être à nouveau en vacances.

c) Je suis reposé et content de retourner au bureau pour apprendre ce qui s'est passé pendant mon absence.

2 Que ressentirez-vous ou qu'avez-vous ressenti le jour de vos 40 ans ?

a) Les plus belles années de ma vie sont derrière moi.

b) Je prends de l'âge mais il ne tient qu'à moi de continuer à profiter de la vie.

c) La vie commence à peine à quarante ans.

3 Vous n'avez eu aucun ennui de santé ces dix dernières années. Qu'en pensez-vous ?

a) Cela ne peut pas durer.

b) J'ai eu de la chance pendant dix ans, espérons que cela va continuer.

c) Je vais tout faire pour m'entretenir et augmenter ainsi mes chances de demeurer en bonne santé.

4 Vous êtes en train de vivre une mauvaise passe. Comment le supportez-vous ?

a) Je pense avoir eu plus que mon lot de moments difficiles.

b) La vie n'est pas un long fleuve tranquille.

c) La vie est parfois dure mais ces moments difficiles ne durent pas éternellement.

Savez-vous prendre la vie du bon côté ?

5 Vous venez d'être licencié. Comment réagissez-vous ?

    a) J'ai l'impression que le ciel vient de me tomber sur la tête.

    b) Je suis énervé et j'espère trouver très vite un autre emploi.

    c) Je suis énervé mais pense que c'est peut-être l'occasion de changer de poste ou de carrière.

6 Vous avez joué au PMU et parié sur un cheval ? Que ressentez-vous ?

    a) Avec la chance que j'ai, je suis sûr que mon cheval va tomber dès la première barrière.

    b) Je ne m'attends pas vraiment à gagner mais espère assister à une belle course et m'amuser un peu.

    c) Je commence déjà à penser à tout ce que je pourrai m'offrir avec mes gains avant même que la course n'ai commencé.

7 Que vous inspire la phrase : « On ne vit qu'une fois » ?

    a) Je pense que ma vie aurait été plus réussie si j'avais pu la rejouer.

    b) Je ne suis pas d'accord, une vie meilleure nous attend après celle-ci.

    c) Raison de plus pour en profiter au maximum.

8 Aimez-vous prendre des risques ?

    a) Je préfère si possible ne pas prendre de risques.

    b) Je pense qu'il faut parfois savoir prendre des risques.

    c) Les risques donnent du piment à la vie.

9 Pourquoi faites-vous du sport ?

    a) Pour m'occuper.

    b) Parce que j'aime la compétition et l'amitié qui peut en résulter.

    c) Pour gagner.

10 Que ressentez-vous lorsque vous êtes confronté à une décision incontournable et contraire à vos intérêts ?

    a) Je suis très contrarié.

    b) J'essaie de comprendre l'autre point de vue.

    c) Je pense que cette décision est peut-être ce qu'il y a de mieux.

11 Vous arrivez au terme d'une relation que vous auriez aimé poursuivre tout en sachant qu'elle ne peut plus durer. Que ressentez-vous ?

    a) Je suis dévasté.

    b) Je pense m'en remettre un jour mais avec du temps.

    c) Je dois essayer de tourner la page et reprendre le cours de ma vie.

12 Comment réagissez-vous face au changement ?

    a) Les changements ne sont jamais bons.

    b) Les changements sont comme les impôts et la mort, inévitables.

    c) C'est un nouveau défi.

13 Vous apprenez qu'une météorite gigantesque va s'abattre sur la terre dans dix minutes et que les chances d'en réchapper sont très minces. Quelle est votre réaction ?

    a) Il faut bien mourir un jour alors pourquoi pas maintenant.

    b) J'essaie d'entrer en contact avec ceux que j'aime.

    c) Il y a toujours des survivants. Qu'est-ce que je pourrais bien faire pour augmenter mes chances de survie ?

14 Vous êtes à un moment décisif de votre vie et vous ne savez pas quelle décision prendre. À quoi pensez-vous ?

    a) Je vais très probablement me tromper, quoi que je décide.

    b) J'aimerais revenir en arrière plutôt qu'avancer.

    c) Je pense que les dés sont jetés et que les choses s'arrangeront pour le mieux quelle que soit ma décision.

15 Vous traversez une période difficile sur le plan sentimental. Que ressentez-vous ?

a) J'ai bien peur que cette relation touche à sa fin.

b) Les choses vont de mal en pis.

c) Nous arriverons à nous sortir de cette mauvaise passe.

16 Vos centres d'intérêts et ceux de votre conjoint diffèrent de plus en plus. Qu'en pensez-vous ?

a) J'ai l'impression que nous nous éloignons l'un de l'autre.

b) J'accepte l'inévitabilité de ce qui est en train de se passer mais je regrette l'époque où nous faisions tout en commun.

c) Je suis très content pour mon conjoint et pense que s'intéresser à des activités différentes manifeste nos épanouissements individuels respectifs.

17 Que ressentez-vous quand vient l'automne ?

a) Je suis un peu déprimé car l'hiver approche.

b) Je ne ressens rien de particulier, l'automne est une des quatre saisons de l'année.

c) C'est une très belle période de l'année.

18 Comment réagissez-vous quand vous ressentez une petite douleur inhabituelle ?

a) J'ai tendance à craindre le pire.

b) J'espère que cela va vite passer et prends rendez-vous chez un médecin dans le cas contraire.

c) Cela ne me préoccupe pas outre mesure. Les douleurs vont et viennent.

19 Comment réagissez-vous en entendant quelqu'un parler du « bon vieux temps » ?

    a) Je suis d'accord, la vie était plus agréable avant.

    b) Nous avons connu des jours heureux dans le passé et en connaîtrons d'autres à l'avenir.

    c) D'une manière générale, je pense que les choses vont de mieux en mieux, aussi préparons-nous à vivre des jours encore meilleurs.

20 Pensez-vous que la chance joue un grand rôle dans la vie ?

    a) Oui, son influence est déterminante.

    b) Certains sont plus chanceux que d'autres.

    c) Je pense que vous pouvez aider la chance.

21 Essayez de vous imaginer dans une situation extrêmement dangereuse, similaire à celle des invités prisonniers au dernier étage dans le film « La tour infernale ». Que penserez-vous ?

    a) Ca y est, c'est la fin, je vais mourir.

    b) Comment ai-je fait pour me retrouver dans une telle situation ? J'ai l'impression de vivre un cauchemar.

    c) Quand je sortirai de ce cauchemar, je ferai une grande fête.

22 Vous venez de connaître une grande déception. Quelle est votre réaction ?

    a) Cela n'arrive qu'à moi.

    b) Il me semble avoir reçu un coup de poing dans le ventre.

    c) On ne peut pas toujours gagner.

23 Vous vous rendez dans un restaurant avec des amis mais le repas tourne au cauchemar. Vous attendez deux heures avant d'être servis, les légumes ne sont pas cuits et les plats sont froids. Comment réagissez-vous ?

    a) Chaque fois que je sors pour m'amuser, quelque chose tourne de travers.

    b) Mes amis et moi en concluons que nous n'y pouvons rien et qu'à notre époque cette situation n'a rien de surprenant.

    c) J'en ris mais j'écris ensuite au restaurant pour me plaindre et peut-être obtenir une invitation pour un repas gratuit.

24 Comment réagirez-vous en apprenant que vous venez de gagner 5 000 euros ?

    a) De nos jours, on ne fait plus grand-chose avec 5 000 euros.

    b) Je pense en profiter pour m'offrir ce qu'avant je ne pouvais pas me permettre.

    c) Les bonnes nouvelles arrivent toujours par trois, il en reste encore deux.

25 Vous perdez le contrôle de votre voiture et terminez dans le fossé sans aucune égratignure. Quelle est votre première réaction ?

    a) Oh, non ! Ma voiture est bonne pour la casse.

    b) Quel manque de chance ! Non seulement je vais me prendre un malus, mais je vais de plus être privé de voiture pendant un bon bout de temps.

    c) J'ai de la chance d'être en vie.

Évaluation

Attribuez-vous 0 point à chaque réponse « a », 1 point à chaque réponse « b » et 2 points à chaque réponse « c ».

40-50 points

Vous avez une vision merveilleuse de la vie. Vous ignorez ce que cela signifie d'être rongé par l'inquiétude au point de ne pouvoir dormir. Quoi qu'il arrive vous prenez toujours la vie du bon côté. Vous êtes persuadé de l'aspect positif de chaque chose. Veillez, cependant, à ne pas considérer les réalités parfois difficiles de la vie avec un optimisme trop naïf. Votre vision de la vie est enviable : vous n'avez aucun souci, et cela ne vous empêche pas de réaliser qu'en en acceptant les aléas, vous profiterez davantage de la vie.

25-39 points

Vous êtes réaliste comme la majorité d'entre nous. La vie est pleine de surprises et il faut espérer que les jours heureux seront plus nombreux que les mauvais. Vous ne vous considérez pas comme un pessimiste et vous essayez de ne pas trop vous inquiéter. Rappelez-vous que la plupart des choses pour lesquelles vous vous inquiétez ne se produisent jamais. Attendez leur arrivée pour vous faire du souci.

Moins de 25 points

Vous êtes un pessimiste né. Même si cela ne vous rend pas désagréable et si malgré tout vous pouvez connaître un certain succès et avoir beaucoup d'amis, cela signifie que vous souffrez intérieurement, vous vous inquiétez en permanence et doutez de tout. Essayez de ne pas exagérer ce qui vous arrive et de rejeter toutes vos pensées négatives. Essayez de voir les aspects positifs de la vie. Beaucoup sont dans une situation bien pire que la vôtre. Si vous arrivez à changer votre état d'esprit, ce qui vous demandera certainement beaucoup d'efforts, vous noterez vite une amélioration de votre santé et de votre vie en général.

Êtes-vous agressif ?

Dans le règne animal en général, l'agressivité se caractérise par le comportement d'attaque. Il peut s'agir d'un conflit entre membres d'espèces différentes se disputant la même nourriture ou le même territoire ou bien d'attaques entre membres d'une même espèce, comme chez les chèvres, par exemple, quand elles se donnent des coups de tête.

Pour les Hommes, le terme *agressivité* est générique et s'applique à une grande variété d'actes comprenant l'attaque ou l'hostilité envers un autre être humain. La peur, la frustration, le désir d'effrayer ou de faire fuir ses semblables et la tendance à imposer aux autres ses idées ou ses intérêts sont quelques-uns des facteurs favorisant un comportement agressif.

Chez l'Homme, l'expérience acquise est déterminante pour établir le niveau du comportement agressif et, en général, nous sommes confrontés dès notre enfance aux échanges d'insultes et à la présence d'armes.

Le comportement agressif des enfants est renforcé lorsque leur attitude agressive est récompensée par de l'attention, des jouets ou des bonbons. Ils apprennent également l'agressivité par les médias, en observant les autres et en copiant leurs modèles.

Pour la plupart des gens, l'agressivité vient de la frustration ou de la peur de ne pas voir leurs objectifs se réaliser. Elle se caractérise également par une volonté de puissance et le désir de contrôler les autres.

(1) Quelle attitude adoptez-vous lorsque vous désirez vraiment quelque chose ?

    a) J'espère réussir à l'obtenir mais je préfère ne pas trop y croire tant que ce n'est pas le cas.

    b) Je m'efforce d'obtenir ce que je veux.

    c) Je ne connais pas de répit tant que je n'ai pas réussi à l'obtenir.

2 Vous est-il déjà arrivé de crier au téléphone parce que votre interlocuteur se montrait peu coopératif voire faisait de l'obstruction ?

    a) Non, crier n'est pas dans mes habitudes.

    b) Je n'ai pas crié mais parfois il m'est arrivé de hausser la voix ou de prendre un ton irrité ou impatient.

    c) Oui.

3 Pensez-vous que « l'attaque est la meilleure des défenses » ?

    a) Non.

    b) Dans certaines situations, peut-être.

    c) Oui.

4 Combien de fois vous arrive-t-il de vous mettre en colère ?

    a) Moins de trois fois par an.

    b) Entre trois et six fois par an.

    c) Plus de six fois par an.

5 Que feriez-vous en apprenant qu'un projet immobilier auquel vous êtes opposé est sur le point de voir le jour à deux pas de chez vous, à la place d'un petit parc avec une cinquantaine d'arbres ?

    a) Je ne ferais probablement rien et je me contenterais de me plaindre de la situation auprès de mes amis, de mes voisins et de ma famille car je ne vois pas ce que je pourrais faire contre ce qui a déjà été décidé.

    b) J'écrirais une lettre au service concerné de la mairie.

    c) J'organiserais avec mes voisins une sorte de comité de protestation.

6 Remettez-vous en question votre attitude ou votre manière de réagir dans certaines situations ?

    a) Fréquemment.

    b) Parfois.

    c) Jamais ou alors très rarement.

Êtes-vous agressif ?

7 Vous conduisez et un autre conducteur manque de provoquer un accident. Que faites-vous ?

    a) Je hausse les épaules et estime avoir eu de la chance d'avoir évité un accident.

    b) Avec mes passagers je critique sévèrement l'autre conducteur.

    c) Je lui fais des gestes énervés accompagnés, peut-être, de quelques mots choisis.

8 Pensez-vous qu'adopter un comportement agressif est un moyen d'arriver à ses fins ?

    a) Non et si c'est le cas, c'est contraire à mes habitudes.

    b) C'est parfois nécessaire dans certaines circonstances.

    c) Oui.

9 Vous arrive-t-il souvent de jurer ?

    a) Jamais ou très rarement.

    b) Assez souvent.

    c) Très souvent.

10 Avez-vous déjà eu recours à la violence ?

    a) Non et je n'arrive pas à imaginer les circonstances qui le justifieraient.

    b) Non, mais je ne peux exclure que des circonstances exceptionnelles ne m'y contraignent un jour.

    c) Oui.

11 Que pensez-vous de la phrase : « les guerres démarrent quand le mal triomphe sur le bien » ?

    a) Je suis d'accord.

    b) Je ne suis pas sûr.

    c) Je ne suis pas nécessairement d'accord.

12 Comment réagissez-vous quand quelqu'un vous joue un mauvais tour ?

    a) Je ne fais rien mais vous pouvez être sûr qu'il n'aura plus jamais ma confiance.

    b) Je m'arrange pour le rencontrer en privé et lui demander pourquoi il a agi ainsi.

    c) Je ne connais pas de repos tant que je ne lui ai pas rendu la pareille.

13 Pensez-vous être inflexible ?

    a) Non.

    b) Peut-être.

    c) Oui.

14 Avez-vous déjà déchargé votre frustration sur un employé se montrant particulièrement négatif ou peu coopératif ?

    a) Non, ce type de comportement ne mène à rien.

    b) Rarement.

    c) Oui, plus d'une fois.

15 Vous habitez une maison mitoyenne et pour le troisième samedi de suite, vos nouveaux voisins donnent une soirée extrêmement bruyante. Comment réagissez-vous ?

    a) Vous attendez le début de la semaine pour leur demander gentiment d'essayer de faire moins de bruit la prochaine fois car cela vous empêche de dormir.

    b) Vous appelez la police et lui demandez s'il est possible de faire quelque chose pour qu'ils fassent moins de bruit.

    c) Vous tapez contre le mur quand le volume sonore devient vraiment insupportable.

16 Vous est-il déjà arrivé d'être en colère au point de menacer quelqu'un physiquement ?

   a) Non.

   b) Non, mais il n'est pas impossible que cela se produise un jour dans certaines circonstances.

   c) Oui.

17 Vous avez le choix entre trois documentaires à la télévision. Lequel choisissez-vous ?

   a) La vie sauvage en Alaska.

   b) La prohibition en Amérique.

   c) Le bombardement japonais de Pearl Harbor.

18 Vous arrive-t-il d'utiliser des jurons très grossiers ?

   a) Jamais.

   b) Rarement.

   c) Assez souvent.

19 Que pensez-vous de ceux qui, en réunion, frappent du poing sur la table ?

   a) C'est immature.

   b) La plupart du temps cela ne les aidera pas à obtenir ce qu'ils veulent.

   c) Je pense qu'il faut parfois avoir recours à de telles mesures pour appuyer son argumentation et persuader les autres.

20 Quel sport préférez-vous regarder à la télévision ?

   a) La pétanque.

   b) Le billard.

   c) La boxe.

Êtes-vous agressif ?

21 Quel genre de comédie préférez-vous ?

   a) La comédie de situation.

   b) La farce.

   c) La satire.

22 Vous introduisez des pièces de monnaie dans un horodateur pour obtenir un ticket de parking mais la machine ne vous en donne pas. Comment réagissez-vous ?

   a) J'appuie sur quelques boutons et ajoute des pièces pour voir si l'horodateur va fonctionner cette fois-ci.

   b) Je cherche du regard un policier pour lui expliquer la situation.

   c) Je tape sur la machine.

23 Êtes-vous bon ou mauvais perdant ?

   a) Bon.

   b) Il n'existe pas de bon perdant, certains cachent mieux ce qu'ils ressentent, c'est tout.

   c) Mauvais.

24 Avez-vous déjà triché pour gagner ?

   a) Non.

   b) Il m'est peut-être arrivé de contourner un peu les règles.

   c) Oui.

25 Que pensez-vous des scènes de violence dans les films grand public ?

   a) Je pense qu'il serait préférable et tout aussi efficace de suggérer la violence au lieu de l'exposer de façon aussi explicite.

   b) Je n'aime pas ces scènes mais la violence existe et doit donc être montrée. Après tout, l'art est la vie et la vie est art.

   c) Pourquoi ne pas montrer ce qui se passe dans la vie. Ces images peuvent procurer des émotions fortes et être assez excitantes.

Évaluation

Attribuez-vous 2 points à chaque réponse « a », 1 point à chaque réponse « b » et 0 point à chaque réponse « c ».

40-50 points

Votre score indique que vous êtes d'une nature extrêmement passive. Même si cette attitude présente l'avantage de ne contrarier personne et de vous attirer l'amitié de beaucoup, elle peut présenter l'inconvénient de vous rendre vulnérable. Vous avez tendance à vous laisser faire et vous pouvez, dans certaines circonstances, être brutalisé ou tyrannisé par vos semblables. Il serait bon, sans pour autant renoncer à votre charme, de vous endurcir un peu, si vous voulez atteindre un jour les buts que vous vous êtes fixés.

25-39 points

Vous êtes d'une nature assez passive en général mais vous savez parfois montrer de l'agressivité quand il le faut.

Vous avez beau savoir ce que vous voulez dans la vie, vous n'êtes pas prêt à marcher sur les pieds de vos semblables pour concrétiser vos ambitions.

Moins de 25 points

Il semblerait que vous laissiez votre agressivité vous dominer.

Vous devriez essayer d'analyser votre comportement et vos réactions dans certaines situations et vous demander s'il n'existe pas d'autres moyens d'obtenir ce que vous voulez. La diplomatie n'est qu'un exemple parmi tant d'autres.

Il serait peut-être utile qu'à des fins thérapeutiques vous consacriez plus de temps à la pratique d'une activité créative ou récréative comme la peinture, l'écriture ou le jardinage.

Êtes-vous un oiseau de nuit ?

1 À quelle heure vous levez-vous habituellement le dimanche matin ?

    a) Avant 8 heures.

    b) Entre 8 h et 9 h 30.

    c) Après 9 h 30.

2 À quel moment de la journée pensez-vous qu'une grande ville est la plus attrayante ?

    a) Tôt le matin quand le soleil se lève et qu'il n'y a encore personne dans les rues.

    b) Dans la journée quand la ville grouille d'agitation.

    c) À la tombée de la nuit.

3 Que préférez-vous regarder à la télévision ?

    a) Une série dans la journée.

    b) Le journal télévisé après le film de 21 h.

    c) Le film en deuxième partie de soirée.

4 À quelle heure préférez-vous fixer le rendez-vous avec vos amis au restaurant ?

    a) Avant 20 heures.

    b) Entre 20 h et 21 h.

    c) Après 21 heures.

Êtes-vous un oiseau de nuit ?

5 Que faites-vous si à trois heures du matin vous ne parvenez pas à dormir ?

    a) Je reste allongé et j'essaie de trouver le sommeil.

    b) Je commence à compter les moutons.

    c) Je me lève pour lire ou regarder la télévision.

6 À quelle heure allez-vous vous coucher habituellement ?

    a) Avant 23 heures.

    b) Avant minuit.

    c) Après minuit.

7 À quel moment de la journée vous sentez-vous le plus créatif ?

    a) Lorsque je me réveille le matin après une bonne nuit de sommeil.

    b) Entre 10 h et 14 heures.

    c) Tard le soir.

8 Vous venez de passer quelques jours de vacances à New York. Quel est votre souvenir le plus marquant ?

    a) Le voyage en bateau autour de la Statue de la Liberté.

    b) La visite aux galeries commerciales Macey.

    c) Les lumières de Broadway.

9 Si vous étiez invité à une soirée de votre choix, que choisiriez-vous ?

    a) Être assis à la tribune d'honneur à Roland-Garros ou à un match de foot très important.

    b) Dîner dans un grand restaurant puis aller au théâtre ou à l'opéra.

    c) Assister à un spectacle de cabaret tard dans la soirée.

10 De combien d'heures de sommeil avez-vous besoin ?

    a) Plus de sept heures.

    b) Plus de quatre heures mais moins de sept.

    c) Quatre heures de bon sommeil me suffisent.

11 Vous arrive-t-il de veiller tard quand vous avez beaucoup de travail ?

    a) Jamais.

    b) Rarement.

    c) Parfois.

12 Vous arrive-t-il d'être somnolent dans la journée et bien réveillé le soir ?

    a) Assez rarement.

    b) Parfois.

    c) Fréquemment.

13 Quelle est à votre avis, la situation la plus romantique ?

    a) Un pique-nique au bord d'un lac par une chaude après-midi d'été.

    b) Aller au cinéma.

    c) Une promenade au clair de lune le long de la plage par une douce nuit d'été.

14 En vacances, que prenez-vous pour le petit déjeuner quand vous dormez à l'hôtel ?

    a) Un petit déjeuner anglais dans la salle à manger.

    b) Un petit déjeuner continental dans ma chambre.

    c) Je suis habituellement trop fatigué par ma sortie de la veille pour être à l'heure au petit déjeuner.

15 Nous sommes vendredi et vous avez terminé votre semaine de travail. Que préférez-vous faire ?

    a) Rentrer chez moi et me détendre.

    b) Prendre un verre dans un bar et rentrer chez moi avant minuit.

    c) Sortir jusqu'au bout de la nuit.

16 Votre conjoint propose de vous offrir des vêtements pour votre anniversaire. Que choisissez-vous ?

    a) Des vêtements de tous les jours.

    b) Des vêtements de sport.

    c) Des tenues de soirée.

17 À quel moment de la journée préférez-vous vous entretenir longuement au téléphone avec vos amis ?

    a) Pendant la journée.

    b) Le soir, en heures creuses.

    c) Tard le soir quand je suis bien détendu.

18 Aimez-vous conduire la nuit ?

    a) Pas particulièrement.

    b) Je n'ai aucune préférence pour la conduite de jour ou de nuit.

    c) Oui.

19 Quels sons préférez-vous entendre ?

    a) Le chant mélodieux des oiseaux au petit matin.

    b) L'orchestre symphonique de l'armée du salut le dimanche matin.

    c) De la musique douce à la radio.

20 Quelle est votre couleur préférée ?

    a) Rose.

    b) Jaune.

    c) Bleu.

21 Si vous pouviez choisir un autre style de vie, qui aimeriez-vous être ?

    a) Un athlète.

    b) Un acteur.

    c) Un chanteur.

22 Quel est votre plat préféré ?

    a) Des tartines grillées.

    b) Un rôti.

    c) Des huîtres.

23 Vous arrive-t-il de vous endormir avant d'aller vous coucher le soir ?

    a) Rarement.

    b) Parfois.

    c) Souvent.

24 Vous couchez-vous au même moment que votre conjoint ?

    a) Plus tôt.

    b) Au même moment.

    c) Plus tard.

25 Si vous aviez un budget à dépenser pour votre maison, que choisiriez-vous ?

    a) Du matériel de jardinage.

    b) De nouveaux accessoires pour la salle à manger.

    c) Un nouveau système d'éclairage.

Évaluation

Attribuez-vous 0 point à chaque réponse « a », 1 point à chaque réponse « b » et 2 points à chaque réponse « c ».

35-50 points

Il ne fait aucun doute que vous êtes un véritable oiseau de nuit. Vous êtes très probablement en décalage vis-à-vis de la plupart des gens. Vous devez lutter contre la somnolence pendant la journée mais à la nuit tombée vous êtes en pleine forme. Vous croyez à un cauchemar lorsque le réveille-matin sonne et n'arrivez pas à croire qu'il est déjà l'heure de se lever – si seulement c'était le week-end et que vous pouviez faire la grasse matinée. Rappelez-vous qu'il est dangereux de brûler la chandelle par les deux bouts. Essayez de vous coucher tôt de temps en temps, histoire de vous reposer et de rattraper un peu le sommeil en retard que vous avez certainement accumulé. Cela dit, il est fort possible qu'en vous couchant tôt, vous vous réveilliez au milieu de la nuit et décidiez d'aller inspecter le frigidaire à la recherche d'un petit encas. Essayez de dormir un peu dans la journée en faisant ce qu'on appelle des « siestes flash », c'est incroyable comme deux ou trois petites minutes de sommeil peuvent vous remettre sur pieds.

16-34 points

Même s'il vous arrive de vous laisser aller de temps en temps à faire la fête, vous n'êtes pas ce qu'on appelle un oiseau de nuit. Vous évitez les excès et en ce sens vous êtes « monsieur ou madame tout le monde ». Vous avez besoin de six à huit heures de sommeil pour être au mieux de votre forme le lendemain et lorsque vous vous couchez le soir, vous ne vous attendez pas à vous lever avant la sonnerie du réveil.

Moins de 16 points

Une bonne nuit de sommeil est essentielle à vos yeux. Vous avez besoin de bien dormir pour être en forme et profiter pleinement de votre journée. Vous considérez que la journée est le moment le plus important car c'est à ce moment-là que vous pouvez employer toute votre énergie à votre carrière et/ou à votre famille. Vous aimez vous lever tôt, surtout au printemps ou en été, quand les oiseaux chantent et que le soleil brille derrière les rideaux. Vous êtes probablement soucieux de votre condition physique et vous aimez faire un jogging ou des exercices tôt le matin avant de filer sous la douche et de partir au travail. Le proverbe « Se coucher tôt, se lever tôt c'est amasser santé et sagesse » semble avoir été écrit pour vous.

Êtes-vous timide ?

1 À quel moment êtes-vous le plus détendu ?

    a) Quand je suis seul.

    b) Avec deux ou trois amis ou membres de ma famille.

    c) Lors de grands événements mondains.

2 Vous êtes invité à une soirée et vous vous retrouvez dans un petit groupe de quatre ou cinq personnes. Quelle part prenez-vous à la conversation ?

    a) J'écoute les autres invités.

    b) Je contribue à la discussion.

    c) J'accapare la conversation.

3 Lorsque que vous devez prendre contact avec quelqu'un, quel mode de communication préférez-vous ?

    a) Le courrier.

    b) Le téléphone.

    c) Le face à face.

4 Quand vous prenez le train ou le bus, vous arrive-t-il d'engager la conversation avec un passager ?

    a) Jamais.

    b) Parfois.

    c) Oui, j'aime discuter avec les gens.

5 Vous marchez dans la rue quand vous croisez quelqu'un que vous pensez connaître. Que faites-vous ?

    a) Je continue sur ma lancée en l'ignorant sauf s'il m'interpelle.

    b) Je le regarde et lui adresse un vague signe de tête.

    c) J'engage la conversation et essaie de savoir où nous nous sommes déjà vus.

6 Participeriez-vous à une compétition de karaoké ?

    a) Jamais de la vie.

    b) Peut-être.

    c) Plutôt deux fois qu'une.

7 Racontez-vous des histoires drôles ?

    a) Jamais.

    b) Parfois.

    c) Souvent.

8 Prenez-vous la parole en réunion ?

    a) Presque jamais.

    b) Parfois.

    c) Très souvent.

9 Flirtez-vous avec les membres du sexe opposé ?

    a) Jamais.

    b) Parfois.

    c) Souvent.

10 Accepteriez-vous de jouer dans une troupe de théâtre amateur ?

    a) Jamais.

    b) Peut-être.

    c) Oui, cela me plairait beaucoup.

Êtes-vous timide ?

11 Que ressentez-vous la première fois que vous rencontrez quelqu'un ?

    a) Je suis mal à l'aise et nerveux.

    b) Je suis à l'aise et curieux de le connaître.

    c) Je suis impatient de lui raconter qui je suis.

12 Comment préférez-vous dire au revoir à vos invités du sexe opposé ?

    a) Avec une poignée de main.

    b) En les embrassant sur les deux joues.

    c) En les serrant dans mes bras.

13 Lorsque vous discutez avec quelqu'un, préférez-vous :

    a) L'écouter vous raconter ses dernières nouvelles ?

    b) Avoir une conversation équilibrée en prenant de ses nouvelles et en racontant les vôtres ?

    c) Lui raconter vos derniers déboires ?

14 Que faites-vous dans un ascenseur bondé ?

    a) Je reste dans mon coin et je ne prête aucune attention aux autres.

    b) Je ne dis rien mais j'observe attentivement les autres.

    c) J'essaie généralement de faire un commentaire spirituel.

15 Votre entreprise organise chaque année un repas pour le personnel. Vous êtes à table avec une vingtaine de personnes. Quelle part prenez-vous à la conversation ?

    a) Je parle peu mais j'écoute les autres et profite du repas.

    b) Je ne m'adresse qu'à mes voisins de table.

    c) J'ai généralement tendance à entretenir la conversation générale.

16 Vous marchez dans le centre-ville quand vous apercevez des journalistes en train d'interviewer les passants. Que faites-vous ?

a) Je regarde ailleurs ou change de trottoir pour les éviter.

b) Je dis quelques mots à la caméra si les journalistes m'abordent.

c) Je me dirige exprès dans leur direction pour être sûr d'être interrogé.

17 Vous travaillez à votre bureau quand le PDG traverse les locaux. Comment réagissez-vous ?

a) Je garde la tête baissée en espérant qu'il ne me remarquera pas.

b) Je continue à travailler comme si de rien était et je ne parle que si c'est nécessaire.

c) Je trouve le moyen de discuter avec lui.

18 Vous êtes invité à une réception officielle où des personnes importantes et influentes seront présentes. Comment vous habillez-vous ?

a) Comme pour n'importe quelle autre réception.

b) Je pense que j'achèterai de nouveaux vêtements pour l'occasion.

c) Je veillerai à porter quelque chose qui me distingue de la foule.

19 Vous arrive-t-il de réclamer une promotion ?

a) Jamais.

b) De temps en temps.

c) Souvent.

20 Comment réagiriez-vous si on vous demandait de faire un discours devant un large auditoire ?

a) Je serais terrifié.

b) J'essaierais de préparer un beau discours même si je n'aime pas particulièrement prendre la parole en public.

c) Je serais ravi et tout excité à l'idée de m'adresser à autant de personnes.

Êtes-vous timide ?

21 Vous arrive-t-il de prendre des bains de soleil dans votre jardin à la vue de vos voisins ?

    a) Jamais.

    b) Parfois.

    c) Souvent.

22 Vous assistez à un spectacle de cabaret quand l'un des artistes demande à un spectateur de venir l'aider. Que faites-vous ?

    a) Je me fais tout petit.

    b) Je me porterai peut-être volontaire.

    c) Je serai sur la scène avant même qu'il ait fini sa phrase.

23 Que faites-vous lorsque quelque chose vous préoccupe ?

    a) Je garde tout pour moi.

    b) J'en discute avec des amis proches ou des membres de ma famille.

    c) J'en parle à tout le monde.

24 Vous êtes en compagnie de personnes qui racontent des histoires osées. Quelle est votre réaction ?

    a) Je suis très embarrassé et aimerai qu'elles se taisent.

    b) Je n'approuve pas mais je ne suis pas embarrassé.

    c) J'en raconte à mon tour.

25 Une dispute assez violente s'engage entre deux collègues de travail. Comment réagissez-vous ?

    a) Cela ne me regarde pas.

    b) J'essaierai peut-être de calmer le jeu si cela me paraît approprié.

    c) Je pense que j'interviendrai quoi qu'il arrive, que ce soit pour calmer le jeu ou prendre parti.

Évaluation

Attribuez-vous 0 point à chaque réponse « a », 1 point à chaque réponse « b » et 2 points à chaque réponse « c ».

40-50 points

Le moins que l'on puisse dire c'est que vous êtes loin d'être timide. En fait, vous débordez de confiance en vous. Ce n'est pas en soi une mauvaise chose mais vous devriez éviter de trop vous mettre en avant car vous risquez de paraître suffisant, vantard ou autoritaire. Essayez de tempérer votre personnalité pétillante avec un peu de modestie et de sensibilité envers les autres.

25-39 points

Vous n'êtes pas particulièrement timide même si parfois vous en avez l'impression. Vous évitez de vous mettre trop en avant pour ne pas choquer les autres. Si en certaines occasions vous vous sentez un peu timide, c'est probablement parce que, secrètement, vous admirez ceux qui sont plus extravertis que vous. Rappelez-vous qu'ils ne forment qu'une petite minorité et, qu'en sachant faire preuve de réserve aux moments opportuns, vous êtes probablement plus apprécié par votre entourage.

Moins de 25 points

Votre score indique que vous êtes timide mais vous n'êtes pas le seul dans ce cas et vous n'êtes pas pire qu'un extraverti excessif. Nombreuses sont les personnes extrêmement modestes et timides qui sont tout à fait capables d'accomplir de grandes choses dans leur domaine dès qu'elles reconnaissent leurs propres talents et ont suffisamment de confiance en elles pour exploiter leur potentiel. Rappelez-vous que la plupart des extravertis sont en fait très timides et manquent de confiance en eux. Leur attitude est en fait souvent une façon de dépasser leurs propres doutes.

Êtes-vous imaginatif ?

1 Quels livres préférez-vous ?

    a) Les romans policiers.

    b) Les encyclopédies.

    c) Les autobiographies.

2 Où préféreriez-vous passer vos vacances ?

    a) Dans un parc à thème comme Disneyland Paris ou Center parcs.

    b) Un appartement à Paris.

    c) Une villa au bord de la mer.

3 Vous arrive-t-il de griffonner ?

    a) Assez souvent.

    b) Parfois.

    c) Rarement.

4 Quelle est votre conception du jardin parfait ?

    a) Un jardin à la beauté naturelle avec une abondance de fleurs sauvages, une rivière et des arbres.

    b) Un jardin propre et ordonné avec des parterres de fleurs.

    c) Un jardin est avant tout un lieu de détente avec des haies pour préserver l'intimité.

5 Vous venez de gagner plusieurs millions d'euros au loto et vous aimeriez organiser une fête avec vos amis et les membres de votre famille. Que choisirez-vous ?

   a) Je les invite à Disneyland Paris pendant deux jours.

   b) Je loue une salle de réception prestigieuse et j'organise une réception grandiose.

   c) Je réserve toutes les chambres d'un hôtel cinq étoiles et je les invite à passer un week-end inoubliable dans le luxe le plus complet.

6 Aimez-vous réparer les choses ?

   a) Oui.

   b) Seulement si je sais ce qui ne fonctionne pas et comment le réparer.

   c) Non.

7 S'il vous aviez la possibilité de changer de carrière avec la certitude de réussir, quelle profession choisiriez-vous ?

   a) Chirurgien du cerveau.

   b) Avocat.

   c) Politicien.

8 Quel passe-temps vous conviendrait le plus ?

   a) Une activité artistique comme la poterie.

   b) Une activité sportive.

   c) Commencer une collection.

9 Aimez-vous passer du temps sur votre ordinateur ?

   a) Oui.

   b) Peut-être si j'avais plus de temps.

   c) Non.

10 Si vous ne parveniez pas à trouver le sommeil, quelle pourrait en être l'explication ?

    a) Trop de choses tournent dans ma tête.

    b) Je suis préoccupé par quelque chose.

    c) Je ne suis pas assez fatigué.

11 Comment réagiriez-vous si vous étiez surchargé de travail et deviez respecter des délais serrés ?

    a) J'établirais un plan de travail.

    b) Je donnerais la priorité aux travaux les plus urgents.

    c) Je travaillerais nuit et jour s'il le faut pour terminer à temps.

12 Quel cadeau de Noël préféreriez-vous offrir à votre conjoint ?

    a) Je préférerais le surprendre en lui offrant quelque chose dont il a toujours rêvé.

    b) Je lui offrirais un cadeau que nous avons choisi ensemble.

    c) Je me procurerais des bons d'achat dans l'un de ses magasins préférés pour qu'il achète ce qu'il veut.

13 Si vous aviez l'occasion d'aller au Music-Hall, quel spectacle préféreriez-vous voir ?

    a) Un prestidigitateur.

    b) Un jongleur.

    c) Un acrobate.

14 Si vous pouviez choisir votre chien, comment le prendriez-vous ?

    a) Un chien espiègle toujours prêt à faire des bêtises.

    b) Un chien bien dressé et affectueux.

    c) Un bon chien de garde très dévoué.

15 Quel sport vous intéresse le plus ?

    a) Le golf.

    b) Le football.

    c) La boxe.

16 Parmi ces trois films d'Hitchcock, lequel choisiriez-vous de regarder ?

    a) Psychose.

    b) Les oiseaux.

    c) Fenêtre sur cour.

17 Parmi les 3 propositions ci-dessous laquelle vous correspond le mieux ?

    a) Fantasque.

    b) Dynamique.

    c) Dans la norme.

18 De quel programme télévisé préféreriez-vous être l'auteur ?

    a) X-Files.

    b) Alerte à Malibu.

    c) Derrick.

19 Parmi les jeux proposés dans les magasines, lesquels retiennent votre attention ?

    a) Les mots croisés.

    b) Les anagrammes.

    c) Les mots cachés.

20 Croyez-vous au paranormal ?

    a) Je dois avouer que oui.

    b) Je suis assez ouvert sur le sujet.

    c) Non.

Êtes-vous imaginatif ?

21 Que pensez-vous de l'art moderne ?

    a) L'art moderne fait preuve de créativité et représente un défi intellectuel.

    b) Certaines œuvres d'art ont su retenir mon attention.

    c) Pour être tout à fait honnête, je suis hermétique à cette forme d'art.

22 Vous arrive-t-il de penser que vous devriez mener une vie plus intéressante et d'en ressentir de la frustration ?

    a) Oui, assez souvent.

    b) Parfois.

    c) Rarement.

23 À quoi ressemblerait la maison de vos rêves ?

    a) Une maison très ancienne et chargée d'histoire avec beaucoup de chambres et de corridors.

    b) Une ferme spacieuse avec un très grand terrain.

    c) Une maison moderne avec cinq chambres et tout le confort actuel.

24 Quel adjectif vous décrit le mieux ?

    a) Curieux(se).

    b) Travailleur(se).

    c) Épanoui(e).

25 Suivez-vous la mode ?

    a) Non, je préfère suivre mes envies personnelles.

    b) Jusqu'à un certain point.

    c) Oui, généralement.

Évaluation

Attribuez-vous 2 points à chaque réponse « a », 1 point à chaque réponse « b » et 0 point à chaque réponse « c ».

35-50 points

Votre score indique que vous êtes une personne très créative avec beaucoup d'imagination. Vous n'avez pas peur de défier les conventions et de suivre votre propre voie. Cependant, vous pensez parfois que vous n'êtes pas parvenu à accomplir tout ce dont vous étiez capable et vous en ressentez une certaine frustration.

Il se peut que votre imagination et votre style de vie particuliers irritent votre entourage et cela vous conduit parfois à brider votre créativité et vos idées. Essayez de vous souvenir que votre inventivité et votre liberté de pensée constituent vos meilleurs atouts et qu'ils vous permettront, si ce n'est pas déjà le cas, de concrétiser une grande partie de vos ambitions.

Laissez libre cours à votre imagination et profitez-en mais veillez tout de même à ne pas heurter ou offenser trop de personnes.

16-34 points

Vous êtes ce qu'on appelle une personne conventionnelle et respectable. Vous estimez qu'il existe un temps et un lieu pour chaque chose, y compris, pour se défouler. Cela ne vous empêche pas d'avoir l'esprit ouvert sur certains sujets peu conventionnels. Il serait peut-être bon de temps en temps de laisser libre cours à votre imagination.

Nous sommes tous capables d'utiliser davantage notre imagination et votre score indique qu'à condition d'arriver à oublier les conventions et à montrer plus d'audace, vous avez assez d'imagination pour concrétiser vos ambitions.

Moins de 16 points

Votre résultat indique que vous n'êtes pas particulièrement imaginatif, ce qui ne veut pas dire que vous n'êtes pas satisfait de votre vie.

En fait, vous êtes probablement plus heureux qu'un homme débordant d'imagination et frustré de n'avoir pu réaliser la plupart de ses rêves.

Essayez tout de même de prendre parfois le temps de débrider votre imagination. Nous n'utilisons qu'une petite partie de notre cerveau or nous sommes tous capables d'être plus créatif et nous avons tous cette imagination que certains exploitent plus que d'autres. Qui sait si en donnant plus libre cours à notre pensée, des idées novatrices ne commenceront pas à affluer. Ce que vous en ferez dépend entièrement de vous mais rappelez-vous que sans inventivité, nous serions incapables de réussir quoi que ce soit d'original ou d'excitant.

Êtes-vous honnête ?

Cochez la colonne appropriée.

	Oui	Je ne sais pas	Non
1 Si vous trouviez un portefeuille, le déposeriez-vous au commissariat ?	☐	☐	☐
2 Si vous receviez un chèque par erreur, le renverriez-vous ?	☐	☐	☐
3 Avez-vous déjà triché en déclarant vos impôts ?	☐	☐	☐
4 Si vous surpreniez un pickpocket en train de voler, le dénonceriez-vous ?	☐	☐	☐
5 Si un commerçant se trompait à votre avantage en vous rendant la monnaie, le lui diriez-vous ?	☐	☐	☐
6 Vous est-il déjà arrivé de prendre une journée de congé en vous déclarant malade ?	☐	☐	☐
7 Diriez-vous des mensonges pour le bien de votre entreprise ?	☐	☐	☐

		Oui	Je ne sais pas	Non
(8)	Faites-vous de pieux mensonges ?	❏	❏	❏
(9)	Si vous cassiez une vitre, l'avoueriez-vous ?	❏	❏	❏
(10)	Donnez-vous l'impression d'être plus riche que vous ne l'êtes ?	❏	❏	❏
(11)	Soutiendriez-vous un ami racontant des mensonges ?	❏	❏	❏
(12)	Avez-vous déjà volé quelque chose ?	❏	❏	❏
(13)	Laisseriez-vous l'un de vos amis subir les conséquences de vos propres actes ?	❏	❏	❏
(14)	Si vous abîmiez une voiture dans un parking, laisseriez-vous vos coordonnées ?	❏	❏	❏
(15)	Ignorez-vous les panneaux comme « pelouse interdite » ?	❏	❏	❏

Notation

	Oui	Je ne sais pas	Non
1	2	1	0
2	2	1	0
3	0	1	2
4	2	1	0
5	2	1	0
6	0	1	2
7	0	1	2
8	0	1	2
9	2	1	0
10	0	1	2
11	2	1	0
12	0	1	2
13	0	1	2
14	2	1	0
15	0	1	2

Analyse des résultats

26-30	Extrêmement honnête
22-25	Très honnête
18-21	Au-dessus de la moyenne
13-17	Dans la moyenne
9-12	Un peu malhonnête
5-8	Malhonnête
0-4	Très malhonnête

Êtes-vous sensuel ?

Cochez la colonne appropriée.

		Oui	Je ne sais pas	Non
1	Prenez-vous soin de votre silhouette ?	❑	❑	❑
2	Avez-vous un parfum préféré ?	❑	❑	❑
3	Appréciez-vous une boisson en particulier ?	❑	❑	❑
4	Aimez-vous marcher dans la neige ?	❑	❑	❑
5	Les odeurs vous enivrent-elles ?	❑	❑	❑
6	Pleurez-vous facilement ?	❑	❑	❑
7	Le contact de la soie sur votre peau vous plait-il ?	❑	❑	❑
8	Êtes-vous nostalgique ?	❑	❑	❑
9	Appréciez-vous les bains de soleil ?	❑	❑	❑

		Oui	Je ne sais pas	Non
(10)	Aimez-vous les nouvelles recettes ?	❑	❑	❑
(11)	Êtes-vous sensible à la nuisance sonore ?	❑	❑	❑
(12)	Appréciez-vous les massages ?	❑	❑	❑
(13)	Aimez-vous les contacts physiques ?	❑	❑	❑
(14)	Aimez-vous lire des romans osés ?	❑	❑	❑
(15)	Vous émerveillez-vous devant de beaux paysages ?	❑	❑	❑

Notation

	Oui	Je ne sais pas	Non
1	2	1	0
2	2	1	0
3	2	1	0
4	2	1	0
5	2	1	0
6	2	1	0
7	2	1	0
8	2	1	0
9	2	1	0
10	2	1	0
11	2	1	0
12	2	1	0
13	2	1	0
14	2	1	0
15	2	1	0

Analyse des résultats

26-30	Extrêmement sensuel(le)
22-25	Très sensuel(le)
18-21	Au-dessus de la moyenne
13-17	Dans la moyenne
9-12	Peu sensuel(le)
5-8	Pas très sensuel(le)
0-4	Manque de sensualité

Êtes-vous économe ?

Cochez la colonne appropriée.

		Oui	Je ne sais pas	Non
1	Vous acquittez-vous de vos factures dès leur réception ?	❑	❑	❑
2	Choisissez-vous de marcher pour économiser le prix d'un ticket de métro ou de bus ?	❑	❑	❑
3	Connaissez-vous votre situation bancaire à tout moment ?	❑	❑	❑
4	Achetez-vous toujours quand vous avez l'impression de faire une affaire ?	❑	❑	❑
5	Cherchez-vous à acheter les articles les moins chers ?	❑	❑	❑
6	Essayez-vous de vider entièrement le tube de dentifrice avant de le jeter ?	❑	❑	❑
7	Marchandez-vous pour pouvoir vous offrir ce que vous voulez ?	❑	❑	❑

Êtes-vous économe ?

		Oui	Je ne sais pas	Non
8	Éteignez-vous la lumière en quittant une pièce ?	❏	❏	❏
9	Êtes-vous en déficit à la fin du mois ?	❏	❏	❏
10	Êtes-vous un acheteur compulsif ?	❏	❏	❏
11	Privilégiez-vous les produits alimentaires les moins chers ?	❏	❏	❏
12	Achetez-vous le journal tous les jours ?	❏	❏	❏
13	Faites-vous souvent la charité ?	❏	❏	❏
14	Si vous gagniez de l'argent au loto, le dépenseriez-vous rapidement ?	❏	❏	❏
15	Mettez-vous de l'argent de côté toutes les semaines sans y toucher ?	❏	❏	❏

Notation

	Oui	Je ne sais pas	Non
1	2	1	0
2	2	1	0
3	2	1	0
4	2	1	0
5	2	1	0
6	2	1	0
7	2	1	0
8	2	1	0
9	0	1	2
10	0	1	2
11	2	1	0
12	0	1	2
13	0	1	2
14	0	1	2
15	2	1	0

Analyse des résultats

26-30	Extrêmement économe
22-25	Très économe
18-21	Légèrement économe
13-17	Dans la moyenne
9-12	Dépensier(e)
5-8	Très dépensier(e)
0-4	Un véritable panier percé

Avez-vous un grand sens de l'humour ?

Cochez la colonne appropriée.

		Oui	Je ne sais pas	Non
1	Vous rendez-vous à des spectacles comiques ?	❑	❑	❑
2	Êtes-vous embarrassé quand vous faites une chute ?	❑	❑	❑
3	Répertoriez-vous les bonnes histoires drôles dans un livre ?	❑	❑	❑
4	Pensez-vous que la plupart des plaisanteries sont puériles ?	❑	❑	❑
5	Êtes-vous contrarié quand on se moque gentiment de vous ?	❑	❑	❑
6	Avez-vous déjà ri à l'église ?	❑	❑	❑
7	Faites-vous des farces ?	❑	❑	❑
8	Préférez-vous regarder un film comique plutôt que dramatique ?	❑	❑	❑

		Oui	Je ne sais pas	Non
9	Riez-vous au moins une fois par jour ?	❑	❑	❑
10	Aimez-vous regarder les divertissements comiques à la télévision ?	❑	❑	❑
11	Vous mettriez-vous à rire si vous voyiez quelqu'un glisser sur une peau de banane ?	❑	❑	❑
12	Aimez-vous les blagues coquines ?	❑	❑	❑
13	Vous arrive-t-il de rire de vous-même ?	❑	❑	❑
14	Riez-vous quand vous êtes seul ?	❑	❑	❑
15	Êtes-vous gêné quand vous entendez quelqu'un se moquer d'un collègue de bureau ?	❑	❑	❑

Notation

	Oui	Je ne sais pas	Non
1	2	1	0
2	0	1	2
3	2	1	0
4	0	1	2
5	0	1	2
6	2	1	0
7	2	1	0
8	2	1	0
9	2	1	0
10	2	1	0
11	2	1	0
12	2	1	0
13	2	1	0
14	2	1	0
15	0	1	2

Analyse des résultats

26-30	Très grand sens de l'humour
22-25	Grand sens de l'humour
18-21	Au-dessus de la moyenne
13-17	Dans la moyenne
9-12	Au-dessous de la moyenne
5-8	Léger sens de l'humour
0-4	Aucun sens de l'humour

Êtes-vous audacieux ?

Cochez la colonne appropriée.

		Oui	Je ne sais pas	Non
1	Participeriez-vous à un stage d'alpinisme ?	❏	❏	❏
2	Plongez-vous lorsque vous allez à la piscine ?	❏	❏	❏
3	Aimeriez-vous ouvrir un magasin ?	❏	❏	❏
4	Détestez-vous les manèges rapides dans une fête foraine ?	❏	❏	❏
5	Vous arrive-t-il de boire plus que de raison ?	❏	❏	❏
6	Vous interposeriez-vous entre deux personnes qui se battent ?	❏	❏	❏
7	Iriez-vous plonger en haute mer ?	❏	❏	❏
8	Avez-vous pris une assurance supplémentaire quand vous avez acheté vos appareils ménagers ?	❏	❏	❏

Êtes-vous audacieux ?

		Oui	Je ne sais pas	Non
9	Fumez-vous ?	❑	❑	❑
10	Vous promèneriez-vous dans un cimetière la nuit ?	❑	❑	❑
11	Vous opposeriez-vous à un cambrioleur ?	❑	❑	❑
12	Conduisez-vous souvent au-dessus de la vitesse limite autorisée ?	❑	❑	❑
13	Aimez-vous les films d'horreur ?	❑	❑	❑
14	Avez-vous déjà omis de déclarer des articles à la douane ?	❑	❑	❑
15	Vous changeriez-vous sur la plage pour mettre votre costume de bain ?	❑	❑	❑

Notation

	Oui	Je ne sais pas	Non
1	2	1	0
2	2	1	0
3	2	1	0
4	0	1	2
5	2	1	0
6	2	1	0
7	2	1	0
8	0	1	2
9	2	1	0
10	2	1	0
11	2	1	0
12	2	1	0
13	2	1	0
14	2	1	0
15	2	1	0

Analyse des résultats

26-30	Extrêmement audacieux(se)
22-25	Audacieux(se)
18-21	Un peu audacieux(se)
13-17	Dans la moyenne
9-12	Un peu timoré(e)
5-8	Timoré(e)
0-4	Très timoré(e)

Aimez-vous dominer ?

Cochez la colonne appropriée.

		Oui	Je ne sais pas	Non
1	Êtes-vous facilement contrarié ?	❏	❏	❏
2	Vous exprimez-vous franchement même si cela en contrarie certains ?	❏	❏	❏
3	Aimez-vous embarrasser les gens ?	❏	❏	❏
4	Pensez-vous être capable d'animer une meilleure émission de télévision que celles que vous regardez ?	❏	❏	❏
5	Prenez-vous les choses en main au cours d'une réception ?	❏	❏	❏
6	Détestez-vous les règles conventionnelles ?	❏	❏	❏
7	Considérez-vous avec intolérance les idées des autres?	❏	❏	❏
8	Aimez-vous que les choses soient faites à votre façon ?	❏	❏	❏

		Oui	Je ne sais pas	Non
9	Avez-vous recours aux gros mots pour défendre votre point de vue ?	❑	❑	❑
10	Investissez-vous votre argent dans des actions pour obtenir des gains rapidement ?	❑	❑	❑
11	Ignorez-vous les panneaux indiquant « attention chien méchant » ?	❑	❑	❑
12	Êtes-vous agressif au volant ?	❑	❑	❑
13	Les opinions différentes des vôtres vous ennuient-elles ?	❑	❑	❑
14	Pensez-vous que les membres de votre sexe sont plus intelligents que ceux du sexe opposé ?	❑	❑	❑
15	Pensez-vous être plus intelligent que la plupart des gens ?	❑	❑	❑

Notation

	Oui	Je ne sais pas	Non
1	2	1	0
2	2	1	0
3	2	1	0
4	2	1	0
5	2	1	0
6	2	1	0
7	2	1	0
8	2	1	0
9	2	1	0
10	2	1	0
11	2	1	0
12	2	1	0
13	2	1	0
14	2	1	0
15	2	1	0

Analyse des résultats

26-30	Extrêmement dominateur/trice
22-25	Très dominateur/trice
18-21	Légèrement dominateur/trice
13-17	Dans la moyenne
9-12	Facile à vivre
5-8	Très facile à vivre
0-4	Placide

Êtes-vous anxieux ?

Cochez la colonne appropriée.

		Oui	Je ne sais pas	Non
1	Les entretiens d'embauche vous rendent-ils nerveux ?	❏	❏	❏
2	Votre situation financière vous inquiète-t-elle ?	❏	❏	❏
3	Êtes-vous nerveux au volant ?	❏	❏	❏
4	Grossir vous inquiète-t-il ?	❏	❏	❏
5	Passez-vous de bonnes nuits ?	❏	❏	❏
6	Aimez-vous prendre des responsabilités ?	❏	❏	❏
7	Êtes-vous timide ?	❏	❏	❏
8	Seriez-vous inquiet à l'idée de monter seul sur la scène ?	❏	❏	❏
9	Vous inquiétez-vous pour des broutilles ?	❏	❏	❏

Êtes-vous anxieux ?

		Oui	Je ne sais pas	Non
10	Allez-vous souvent consulter le médecin ?	❑	❑	❑
11	Devenir chauve ou prendre des rides vous inquiète-t-il ?	❑	❑	❑
12	Vous fâchez-vous lorsque l'on se moque de vous ?	❑	❑	❑
13	Êtes-vous inquiet à l'idée de rencontrer des inconnus ?	❑	❑	❑
14	Payez-vous vos factures immédiatement après les avoir reçues ?	❑	❑	❑
15	Sursautez-vous facilement ?	❑	❑	❑

Notation

	Oui	Je ne sais pas	Non
1	2	1	0
2	2	1	0
3	2	1	0
4	2	1	0
5	2	1	0
6	0	1	2
7	2	1	0
8	2	1	0
9	2	1	0
10	2	1	0
11	2	1	0
12	2	1	0
13	2	1	0
14	2	1	0
15	2	1	0

Analyse des résultats

26-30	Extrêmement anxieux(se)
22-25	Anxieux(se)
18-21	Légèrement anxieux(se)
13-17	Dans la moyenne
9-12	Occasionnellement anxieux(se)
5-8	Plutôt tranquille
0-4	Sans aucun souci

Êtes-vous distrait ?

Cochez la colonne appropriée.

		Oui	Je ne sais pas	Non
1	Vous arrive-t-il de mélanger les prénoms ?	❑	❑	❑
2	Vous est-il déjà arrivé de perdre votre portefeuille ?	❑	❑	❑
3	Êtes-vous capable d'évaluer le temps sans regarder l'heure ?	❑	❑	❑
4	Vous est-il déjà arrivé de laisser passer votre arrêt de bus ou de métro ?	❑	❑	❑
5	Vous rappelez-vous le numéro d'immatriculation de votre voiture ?	❑	❑	❑
6	Vous souvenez-vous des numéros de téléphone ?	❑	❑	❑
7	Vous arrive-t-il de rentrer à pied du supermarché alors que vous y êtes venu en voiture ?	❑	❑	❑

	Oui	Je ne sais pas	Non
8 Vous rappelez-vous des dates anniversaire de votre entourage ?	❑	❑	❑
9 Vous arrive-t-il d'entrer dans une pièce et d'oublier ce que vous étiez venu y faire ?	❑	❑	❑
10 Vous est-il arrivé de vous perdre en voiture ?	❑	❑	❑
11 Avez-vous déjà porté des chaussettes dépareillées ?	❑	❑	❑
12 Avez-vous déjà laissé votre parapluie dans un restaurant ?	❑	❑	❑
13 Vous est-il arrivé d'oublier un rendez-vous ?	❑	❑	❑
15 Avez-vous tendance à rêvasser ?	❑	❑	❑
15 Réussissez-vous à mémoriser les poèmes ?	❑	❑	❑

Notation

	Oui	Je ne sais pas	Non
1	2	1	0
2	2	1	0
3	0	1	2
4	2	1	0
5	2	1	0
6	2	1	0
7	2	1	0
8	2	1	0
9	2	1	0
10	2	1	0
11	2	1	0
12	2	1	0
13	2	1	0
14	2	1	0
15	0	1	2

Analyse des résultats

26-30	Extrêmement distrait(e)
22-25	Très distrait(e)
18-21	Légèrement distrait(e)
13-17	Dans la moyenne
9-12	Proche de la moyenne
5-8	Légèrement distrait(e)
0-4	Pas du tout distrait(e)

Aimez-vous travailler ?

Cochez la colonne appropriée.

		Oui	Je ne sais pas	Non
1	Devenez-vous nerveux quand vous n'avez rien à faire ?	❏	❏	❏
2	Faites-vous beaucoup de sport ?	❏	❏	❏
3	Avez-vous du mal à vous détendre ?	❏	❏	❏
4	Êtes-vous un lève-tôt ?	❏	❏	❏
5	Faites-vous régulièrement la grasse matinée le dimanche matin ?	❏	❏	❏
6	Travaillez-vous en déjeunant ?	❏	❏	❏
7	Vous est-il déjà arrivé de travailler au lieu de prendre des vacances ?	❏	❏	❏
8	Avez-vous un deuxième emploi ?	❏	❏	❏
9	Vous réveillez-vous le matin en pensant à votre travail ?	❏	❏	❏

		Oui	Je ne sais pas	Non
(10)	Votre famille se plaint-elle de vos horaires ?	❑	❑	❑
(11)	Faites-vous souvent des heures supplémentaires ?	❑	❑	❑
(12)	Cherchez-vous à obtenir une promotion ?	❑	❑	❑
(13)	Assureriez-vous le travail d'un collègue malade ?	❑	❑	❑
(14)	Aimez-vous votre travail ?	❑	❑	❑
(15)	Si vous deviez travailler sans être payé, accepteriez-vous ?	❑	❑	❑

Notation

	Oui	Je ne sais pas	Non
1	2	1	0
2	2	1	0
3	2	1	0
4	2	1	0
5	0	1	2
6	2	1	0
7	2	1	0
8	2	1	0
9	2	1	0
10	2	1	0
11	2	1	0
12	2	1	0
13	2	1	0
14	2	1	0
15	2	1	0

Analyse des résultats

26-30	Vous êtes un bourreau de travail
22-25	Vous aimez travailler
18-21	Au-dessus de la moyenne
13-17	Dans la moyenne
9-12	Au-dessous de la moyenne
5-8	Paresseux(se)
0-4	Extrêmement paresseux(se)

Êtes-vous sociable ?

Cochez la colonne appropriée.

		Oui	Je ne sais pas	Non
1	Engagez-vous la conversation avec les autres clients au supermarché ?	❑	❑	❑
2	Faites-vous beaucoup de nouvelles connaissances ?	❑	❑	❑
3	Vous faites-vous facilement des amis ?	❑	❑	❑
4	Aimez-vous recevoir des amis pour le week-end ?	❑	❑	❑
5	Faites-vous du bénévolat dans votre ville ?	❑	❑	❑
6	Jouez-vous souvent à des jeux de cartes ou de société ?	❑	❑	❑
7	Aimez-vous les centres de vacances bruyants ?	❑	❑	❑
8	Aimeriez-vous organiser une soirée dans votre entreprise ?	❑	❑	❑

Êtes-vous sociable ?

		Oui	Je ne sais pas	Non
9	Vous entendez-vous bien avec les enfants ?	❑	❑	❑
10	Aimez-vous les animaux domestiques ?	❑	❑	❑
11	Êtes-vous au cœur de toutes les fêtes ?	❑	❑	❑
12	Vous faites-vous des amis à chaque vacances ?	❑	❑	❑
13	Répondez-vous immédiatement aux lettres que vous recevez ?	❑	❑	❑
14	Allez-vous souvent au théâtre ?	❑	❑	❑
15	Aidez-vous une personne âgée de votre quartier ?	❑	❑	❑

Notation

	Oui	Je ne sais pas	Non
1	2	1	0
2	2	1	0
3	2	1	0
4	2	1	0
5	2	1	0
6	2	1	0
7	2	1	0
8	2	1	0
9	2	1	0
10	2	1	0
11	2	1	0
12	2	1	0
13	2	1	0
14	2	1	0
15	2	1	0

Analyse des résultats

26-30	Extrêmement sociable
22-25	Très sociable
18-21	Sociable
13-17	Agréable
9-12	Sauvage
5-8	Très sauvage
0-4	Extrêmement sauvage

Êtes-vous émotif ?

Cochez la colonne appropriée.

		Oui	Je ne sais pas	Non
1	Vous laissez-vous emporter quand vous assistez à un match de foot, de tennis ou autre ?	❑	❑	❑
2	Embrassez-vous les personnes que vous aimez ?	❑	❑	❑
3	Parlez-vous à des inconnus au supermarché ?	❑	❑	❑
4	Êtes-vous envieux du succès des autres ?	❑	❑	❑
5	Perdez-vous facilement votre calme ?	❑	❑	❑
6	Avez-vous un chien ou un chat ?	❑	❑	❑
7	Aimez-vous les spectacles comiques ?	❑	❑	❑
8	Vous êtes-vous déjà querellé avec un voisin ?	❑	❑	❑

Êtes-vous émotif ?

		Oui	Je ne sais pas	Non
9	Racontez-vous des histoires grivoises ?	❑	❑	❑
10	Appréciez-vous la compagnie des enfants ?	❑	❑	❑
11	Détestez-vous les hommes politiques ?	❑	❑	❑
12	Vous est-il déjà arrivé de pleurer depuis que vous êtes adulte ?	❑	❑	❑
13	Vous êtes-vous déjà querellé avec d'autres automobilistes ?	❑	❑	❑
14	Connaissez-vous des personnes que vous n'appréciez vraiment pas ?	❑	❑	❑
15	Êtes-vous facilement embarrassé ?	❑	❑	❑

Notation

	Oui	Je ne sais pas	Non
1	2	1	0
2	2	1	0
3	2	1	0
4	0	1	2
5	2	1	0
6	2	1	0
7	2	1	0
8	2	1	0
9	2	1	0
10	2	1	0
11	2	1	0
12	2	1	0
13	2	1	0
14	2	1	0
15	2	1	0

Analyse des résultats

26-30	Extrêmement émotif(ve)
22-25	Très émotif(ve)
18-21	Un peu émotif(ve)
13-17	Équilibré(e)
9-12	Peu émotif(ve)
5-8	Froid(e)
0-4	Très froid(e)

Extraversion

Cochez la colonne appropriée.

		Oui	Je ne sais pas	Non
1	Vous êtes-vous déjà blessé en pratiquant un sport dangereux ?	❏	❏	❏
2	Aimeriez-vous diriger une pièce de théâtre ?	❏	❏	❏
3	Aimeriez-vous être pilote ?	❏	❏	❏
4	Si vous étiez condamné à quelques années de prison, en profiteriez-vous pour passer un diplôme ?	❏	❏	❏
5	Vous êtes-vous déjà plaint au manager ou au responsable d'un magasin ?	❏	❏	❏
6	Aimeriez-vous participer à un rallye automobile ?	❏	❏	❏
7	Vous confierait-on la caisse d'un spectacle ?	❏	❏	❏
8	Avez-vous beaucoup d'amis ?	❏	❏	❏

Extraversion

		Oui	Je ne sais pas	Non
9	Aimez-vous vous rendre à des cours du soir ?	❏	❏	❏
10	Êtes-vous populaire au bureau ?	❏	❏	❏
11	Aimeriez-vous travailler dans la finance dans une grande ville ?	❏	❏	❏
12	Aimeriez-vous être politicien ?	❏	❏	❏
13	Êtes-vous un bon orateur ?	❏	❏	❏
14	Aimeriez-vous être docteur ?	❏	❏	❏
15	Êtes-vous dynamique ?	❏	❏	❏

Notation

	Oui	Je ne sais pas	Non
1	2	1	0
2	2	1	0
3	2	1	0
4	2	1	0
5	2	1	0
6	2	1	0
7	2	1	0
8	2	1	0
9	2	1	0
10	2	1	0
11	2	1	0
12	2	1	0
13	2	1	0
14	2	1	0
15	2	1	0

Analyse des résultats

26-30	Extrêmement extraverti(e)
22-25	Très extraverti(e)
18-21	Un peu extraverti(e)
13-17	Équilibré(e)
9-12	Un peu introverti(e)
5-8	Très introverti(e)
0-4	Extrêmement introverti(e)

Agressivité

Cochez la colonne appropriée.

		Oui	Je ne sais pas	Non
1	Dénonceriez-vous un pickpocket si vous en voyiez un à l'œuvre ?	❑	❑	❑
2	Pensez-vous que les policiers doivent être armés ?	❑	❑	❑
3	Montez-vous toujours sur la grande roue dans les fêtes foraines ?	❑	❑	❑
4	Monteriez-vous dans un sous-marin ?	❑	❑	❑
5	Aimeriez-vous faire de la lutte libre ?	❑	❑	❑
6	Partiriez-vous en safari ?	❑	❑	❑
7	Préférez-vous les films d'action aux comédies sentimentales ?	❑	❑	❑
8	Vous êtes-vous déjà battu ?	❑	❑	❑
9	Aimeriez-vous travailler pour la DST ?	❑	❑	❑

Agressivité

		Oui	Je ne sais pas	Non
(10)	Ramasseriez-vous un rat vivant ?	❏	❏	❏
(11)	Si vous découvriez un intrus chez vous, l'attaqueriez-vous ?	❏	❏	❏
(12)	Aimez-vous les débats ?	❏	❏	❏
(13)	Feriez-vous du saut à l'élastique ?	❏	❏	❏
(14)	Vous disputeriez-vous avec l'autre conducteur en cas d'accident de voiture ?	❏	❏	❏
(15)	Aimez-vous les films d'horreur ?	❏	❏	❏

Notation

	Oui	Je ne sais pas	Non
1	2	1	0
2	2	1	0
3	2	1	0
4	2	1	0
5	2	1	0
6	2	1	0
7	2	1	0
8	2	1	0
9	2	1	0
10	2	1	0
11	2	1	0
12	2	1	0
13	2	1	0
14	2	1	0
15	2	1	0

Analyse des résultats

26-30	Extrêmement agressif(ve)
22-25	Fougueux(se)
18-21	Légèrement agressif(ve)
13-17	Équilibré(e)
9-12	Peu agressif(ve)
5-8	Un peu timide
0-4	Timide

Êtes-vous artiste ?

Cochez la colonne appropriée.

		Oui	Je ne sais pas	Non
1	Lisez-vous des magasines d'art ou de décoration intérieure ?	❑	❑	❑
2	Allez-vous dans certains endroits pour y admirer la vue ?	❑	❑	❑
3	Vos vêtements sont-ils à la mode ?	❑	❑	❑
4	Avez-vous déjà suivi un cours de poterie, de sculpture, de peinture ou de dessin ?	❑	❑	❑
5	Êtes-vous inscrit dans une bibliothèque ?	❑	❑	❑
6	Aimez-vous peindre ?	❑	❑	❑
7	Avez-vous déjà écrit une nouvelle ?	❑	❑	❑
8	Visitez-vous les châteaux ?	❑	❑	❑

		Oui	Je ne sais pas	Non
9	Vous rendez-vous souvent dans des galeries d'art ?	❏	❏	❏
10	Aimez-vous la poésie ?	❏	❏	❏
11	Jardiner vous plait-il ?	❏	❏	❏
12	Aimez-vous la photographie ?	❏	❏	❏
13	Êtes-vous un bon bricoleur ?	❏	❏	❏
14	Aimeriez-vous être architecte ?	❏	❏	❏
15	Aimeriez-vous illustrer une bande dessinée comique ?	❏	❏	❏

Notation

	Oui	Je ne sais pas	Non
1	2	1	0
2	2	1	0
3	2	1	0
4	2	1	0
5	2	1	0
6	2	1	0
7	2	1	0
8	2	1	0
9	2	1	0
10	2	1	0
11	2	1	0
12	2	1	0
13	2	1	0
14	2	1	0
15	2	1	0

Analyse des résultats

26-30	Extrêmement artiste
22-25	Très artiste
18-21	Légèrement artiste
13-17	Dans la moyenne
9-12	Juste au-dessous de la moyenne
5-8	Peu artiste
0-4	Pas artiste du tout

Êtes-vous ambitieux ?

Cochez la colonne appropriée.

		Oui	Je ne sais pas	Non
1	Avez-vous tendance à dépenser plus que vous ne pouvez vous le permettre ?	❏	❏	❏
2	Vos vêtements sont-ils à la dernière mode ?	❏	❏	❏
3	Connaissez-vous beaucoup de gens riches ?	❏	❏	❏
4	Aimez-vous passer des examens ?	❏	❏	❏
5	Mentiriez-vous si cela augmentait vos chances d'obtenir une promotion ?	❏	❏	❏
6	Aimeriez-vous travailler pour une chaîne de télévision ou dans l'audiovisuel ?	❏	❏	❏
7	Êtes-vous un bon orateur ?	❏	❏	❏

Êtes-vous ambitieux ?

		Oui	Je ne sais pas	Non
8	Accepteriez-vous de travailler à l'étranger en échange d'une promotion ?	❑	❑	❑
9	Aimeriez-vous être une star du cinéma ?	❑	❑	❑
10	Accepteriez-vous de travailler dur pour obtenir un diplôme ?	❑	❑	❑
11	Détestez-vous perdre au jeu ?	❑	❑	❑
12	Aimeriez-vous avoir une voiture plus spacieuse et plus puissante ?	❑	❑	❑
13	Êtes-vous membre d'un club d'échecs ?	❑	❑	❑
14	Postuleriez-vous à un poste à la mairie ?	❑	❑	❑
15	Aimeriez-vous diriger votre propre entreprise ?	❑	❑	❑

Notation

	Oui	Je ne sais pas	Non
1	2	1	0
2	2	1	0
3	2	1	0
4	2	1	0
5	2	1	0
6	2	1	0
7	2	1	0
8	2	1	0
9	2	1	0
10	2	1	0
11	2	1	0
12	2	1	0
13	2	1	0
14	2	1	0
15	2	1	0

Analyse des résultats

26-30	Extrêmement ambitieux(se)
22-25	Très ambitieux(se)
18-21	Ambitieux(se)
13-17	Dans la moyenne
9-12	Légèrement ambitieux(se)
5-8	Peu ambitieux(se)
0-4	Pas ambitieux(se) du tout

Êtes-vous tolérant ?

Cochez la colonne appropriée.

		Oui	Je ne sais pas	Non
1	Pensez-vous que votre nationalité est la meilleure ?	❑	❑	❑
2	Protestez-vous lorsque des enfants bruyants vous dérangent ?	❑	❑	❑
3	Vous opposeriez-vous à ce que votre fille fréquente un garçon que vous jugez douteux ?	❑	❑	❑
4	Pensez-vous que les professeurs tolérants sont responsables du mauvais comportement de leurs élèves ?	❑	❑	❑
5	Avez-vous beaucoup d'amis divorcés ?	❑	❑	❑
6	Croyez-vous au déclin des valeurs morales ?	❑	❑	❑
7	Désapprouvez-vous ceux qui vivent ensemble sans être mariés ?	❑	❑	❑

		Oui	Je ne sais pas	Non
8	Vous opposez-vous au prosélytisme des sectes ?	❑	❑	❑
9	Pensez-vous que les condamnations des criminels devraient être alourdies ?	❑	❑	❑
10	Renvoyez-vous les chats qui se promènent dans votre jardin ?	❑	❑	❑
11	Pensez-vous que les femmes devraient occuper des postes dans l'Église ?	❑	❑	❑
12	Vous rendez-vous à des soirées très animées ?	❑	❑	❑
13	Êtes-vous opposé aux téléphones portables dans le train ?	❑	❑	❑
14	Vous opposeriez-vous à l'ouverture d'un centre pour délinquants dans votre quartier ?	❑	❑	❑
15	Avez-vous des voisins bruyants que vous ne fréquentez pas ?	❑	❑	❑

Notation

	Oui	Je ne sais pas	Non
1	0	1	2
2	0	1	2
3	0	1	2
4	0	1	2
5	2	1	0
6	0	1	2
7	0	1	2
8	0	1	2
9	0	1	2
10	0	1	2
11	2	1	0
12	2	1	0
13	0	1	2
14	0	1	2
15	0	1	2

Analyse des résultats

26-30	Extrêmement tolérant(e)
22-25	Assez tolérant(e)
18-21	Tolérant(e)
13-17	Dans la moyenne
9-12	Un peu intolérant(e)
5-8	Intolérant(e)
0-4	Extrêmement intolérant(e)

Imagination

Cochez la colonne appropriée.

		Oui	Je ne sais pas	Non
1	Pourriez-vous écrire des poèmes ?	❑	❑	❑
2	Pensez-vous qu'il existe une autre forme de vie quelque part dans l'univers ?	❑	❑	❑
3	Croyez-vous au surnaturel ?	❑	❑	❑
4	Pourriez-vous écrire un livre pour enfants ?	❑	❑	❑
5	Pourriez-vous passer la nuit seul dans une maison hantée ?	❑	❑	❑
6	Croyez-vous à la vie après la mort ?	❑	❑	❑
7	Croyez-vous aux esprits frappeurs ?	❑	❑	❑
8	Rêvez-vous souvent la nuit ?	❑	❑	❑
9	Croyez-vous au spiritisme ?	❑	❑	❑

Imagination

		Oui	Je ne sais pas	Non
10	Vous arrive-t-il de penser à ce que vous feriez si vous gagniez au loto ?	❑	❑	❑
11	Croyez-vous que le monstre du Loch Ness existe ?	❑	❑	❑
12	Avez-vous peur quand vous sortez la nuit ?	❑	❑	❑
13	Auriez-vous aimé vivre au XIXe siècle ?	❑	❑	❑
14	Aimeriez-vous aller sur la lune ?	❑	❑	❑
15	Vous arrive-t-il de rêver dans la journée ?	❑	❑	❑

Notation

	Oui	Je ne sais pas	Non
1	2	1	0
2	2	1	0
3	2	1	0
4	2	1	0
5	2	1	0
6	2	1	0
7	2	1	0
8	2	1	0
9	2	1	0
10	2	1	0
11	2	1	0
12	2	1	0
13	2	1	0
14	2	1	0
15	2	1	0

Analyse des résultats

26-30	Imagination très fertile
22-25	Imagination fertile
18-21	Légèrement imaginatif(ve)
13-17	Dans la moyenne
9-12	Au-dessous de la moyenne
5-8	Peu d'imagination
0-4	Très peu d'imagination

Avez-vous des tendances obsessionnelles ?

Cochez la colonne appropriée.

		Oui	Je ne sais pas	Non
1	Les gens désordonnés vous contrarient-ils ?	❑	❑	❑
2	Laisser un travail inachevé vous agace-t-il ?	❑	❑	❑
3	Vous lavez-vous les mains plus de quatre fois par jour ?	❑	❑	❑
4	Vous arrive-t-il de passer sous une échelle ?	❑	❑	❑
5	Conservez-vous méticuleusement tous vos papiers ?	❑	❑	❑
6	Êtes-vous toujours à même de dire combien d'argent vous avez dans votre portefeuille ?	❑	❑	❑
7	Êtes-vous doué pour préparer les valises avant de partir en voyage ?	❑	❑	❑

		Oui	Je ne sais pas	Non
8	Faites-vous la vaisselle immédiatement après le repas ?	❑	❑	❑
9	Achetez-vous vos cartes de vœux pour l'année suivante dès les fêtes de Noël ?	❑	❑	❑
10	Êtes-vous à jour dans votre correspondance ?	❑	❑	❑
11	Êtes-vous toujours ponctuel à vos rendez-vous ?	❑	❑	❑
12	Avant de vous coucher, vérifiez-vous toujours que toutes les portes sont bien fermées ?	❑	❑	❑
13	Vos chaussures sont-elles toujours bien cirées ?	❑	❑	❑
14	Vous est-il déjà arrivé de perdre vos clés ?	❑	❑	❑
15	Rangez-vous tout immédiatement dès le départ de vos invités ?	❑	❑	❑

Notation

	Oui	Je ne sais pas	Non
1	2	1	0
2	2	1	0
3	2	1	0
4	0	1	2
5	2	1	0
6	2	1	0
7	2	1	0
8	2	1	0
9	2	1	0
10	2	1	0
11	2	1	0
12	2	1	0
13	2	1	0
14	0	1	2
15	2	1	0

Analyse des résultats

26-30	Extrêmement obsessionnel(le)
22-25	Très obsessionnel(le)
18-21	Un peu au-dessus de la moyenne
13-17	Dans la moyenne
9-12	Un peu au-dessous de la moyenne
5-8	Peu obsessionnel(le)
0-4	Pas du tout obsessionnel(le)

Êtes-vous assertif ?

Cochez la colonne appropriée.

		Oui	Je ne sais pas	Non
1	Vous plaindriez-vous auprès du serveur si le repas qu'il vous a servi ne vous convenait pas ?	❑	❑	❑
2	Les puissants vous effraient-ils ?	❑	❑	❑
3	Si l'on vous suggérait de vous présenter à la présidence d'un club, accepteriez-vous ?	❑	❑	❑
4	Le téléphone sonne au moment où vous vous apprêtez à sortir, demandez-vous à votre correspondant de rappeler plus tard ?	❑	❑	❑
5	Vous plaindriez-vous si un petit morceau de bouchon se trouvait dans votre verre de vin ?	❑	❑	❑
6	Refuseriez-vous de prêter votre tondeuse à un voisin qui vous la demanderait ?	❑	❑	❑

		Oui	Je ne sais pas	Non
7	Si un de vos appareils électroménagers tombait en panne, vous plaindriez-vous auprès du siège social même après qu'il soit réparé ?	❑	❑	❑
8	Quelqu'un vous offre une boîte de chocolats alors que vous êtes au régime, les mangez-vous ?	❑	❑	❑
9	Vous plaignez-vous si vous patientez trop longtemps dans une salle d'attente ?	❑	❑	❑
10	Protesteriez-vous en voyant le chat d'un voisin creuser un trou dans vos plates-bandes ?	❑	❑	❑
11	Si le chien du voisin aboyait sans arrêt, vous plaindriez-vous ?	❑	❑	❑
12	Vous plaignez-vous auprès du garage quand vous n'êtes pas satisfait des réparations ?	❑	❑	❑
13	Protesteriez-vous si un passager fumait une cigarette dans un compartiment non fumeur ?	❑	❑	❑
14	Avez-vous du mal à suivre les conseils des autres ?	❑	❑	❑
15	Vous plaindriez-vous si un vendeur ne prêtait pas attention à votre demande ?	❑	❑	❑

Notation

	Oui	Je ne sais pas	Non
1	2	1	0
2	0	1	2
3	2	1	0
4	2	1	0
5	2	1	0
6	2	1	0
7	2	1	0
8	0	1	2
9	2	1	0
10	2	1	0
11	2	1	0
12	2	1	0
13	2	1	0
14	2	1	0
15	2	1	0

Analyse des résultats

26-30	Très assertif(ve)
22-25	Assertif(ve)
18-21	Relativement assertif(ve)
13-17	Conciliant(e)
9-12	Très conciliant(e)
5-8	Placide
0-4	Très placide

Êtes-vous optimiste ?

Cochez la colonne appropriée.

		Oui	Je ne sais pas	Non
1	Prêteriez-vous de l'argent à un ami ?	❑	❑	❑
2	Vous attendez-vous à recevoir une promotion dans les cinq prochaines années ?	❑	❑	❑
3	Avez-vous équipé votre maison d'une alarme ?	❑	❑	❑
4	Pariez-vous régulièrement sur des chevaux ?	❑	❑	❑
5	Cotisez-vous pour votre retraite dans un organisme indépendant ?	❑	❑	❑
6	Vous fiez-vous à ceux que vous connaissez peu ?	❑	❑	❑
7	Si l'on vous demandait de consulter un spécialiste, vous attendriez-vous à recevoir de mauvaises nouvelles ?	❑	❑	❑

Êtes-vous optimiste ?

		Oui	Je ne sais pas	Non
(8)	Cachez-vous vos biens les plus précieux quand vous partez en vacances ?	❑	❑	❑
(9)	Avez-vous pris une importante assurance-vie ?	❑	❑	❑
(10)	Emportez-vous toujours un parapluie si les prévisions météorologiques sont incertaines ?	❑	❑	❑
(11)	Jouez-vous régulièrement au loto ?	❑	❑	❑
(12)	Êtes-vous dépensier ?	❑	❑	❑
(13)	Anticipez-vous le retard du train ?	❑	❑	❑
(14)	Rêvez-vous souvent ?	❑	❑	❑
(15)	Êtes-vous lève-tôt ?	❑	❑	❑

Notation

	Oui	Je ne sais pas	Non
1	2	1	0
2	2	1	0
3	0	1	2
4	2	1	2
5	0	1	2
6	2	1	0
7	0	1	2
8	0	1	2
9	0	1	2
10	0	1	2
11	2	1	0
12	2	1	0
13	0	1	2
14	2	1	0
15	2	1	0

Analyse des résultats

26-30	Très optimiste
22-25	Optimiste
18-21	Un peu optimiste
13-17	Prudent(e)
9-12	Un peu pessimiste
5-8	Pessimiste
0-4	Très pessimiste

Tests d'aptitudes

Tests d'aptitudes

Vous trouverez dans cette section deux tests de QI composé chacun de 40 questions. Chaque test est divisé en quatre sous-parties comprenant chacune 10 questions dans quatre disciplines différentes : raisonnement dans l'espace, logique, compréhension verbale dans le test 1, compréhension verbale, calcul, mathématiques et diagrammes dans le test 2. Ces disciplines reviennent fréquemment dans les tests d'aptitudes.

Ces tests ayant été spécialement conçus pour ce livre, ils n'ont pas pu être testés auprès de milliers de personnes et standardisés pour établir un QI moyen. En revanche, nous vous fournissons une échelle d'évaluation dans chaque discipline pour vous aider à identifier vos points forts et vos faiblesses. Nous vous donnons également une estimation générale de votre performance sur chacun des deux tests. Cette dernière estimation est la plus pertinente.

Vous devez impérativement respecter les délais impartis pour que votre score soit valide.

Évaluation des tests

1 – Tests à 10 questions (durée limitée à 30 minutes)

10	exceptionnel	8-9	excellent	7	très bien
5-6	bien	4	moyen		

2 – Ensemble du test – 40 questions – (durée limitée à 2 heures)

36-40	exceptionnel	31-35	excellent	25-30	très bien
19-24	bien	14-18	moyen		

Test de raisonnement dans l'espace

Lisez les instructions et étudiez attentivement les dessins ci-dessous.

1 Série

Complétez la série ci-dessous.

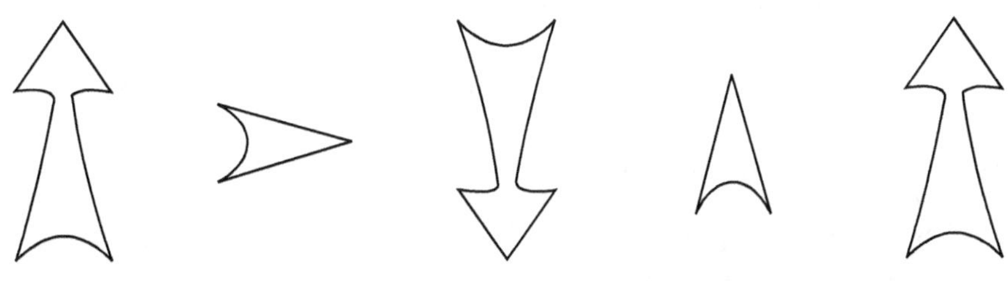

Réponses possibles :

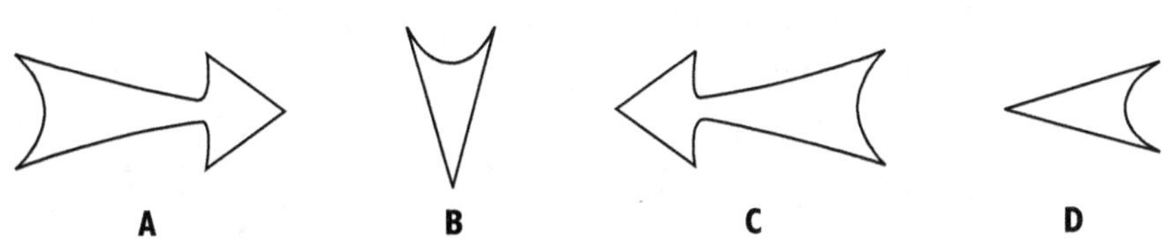

A   **B**   **C**   **D**

2 Similarité

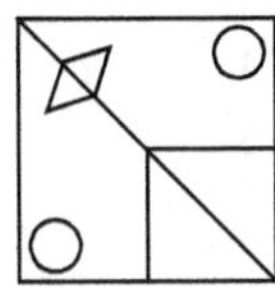

Parmi les boîtes représentées ci-dessous, quelle est celle qui présente le plus de similarités avec la boîte ci-dessus.

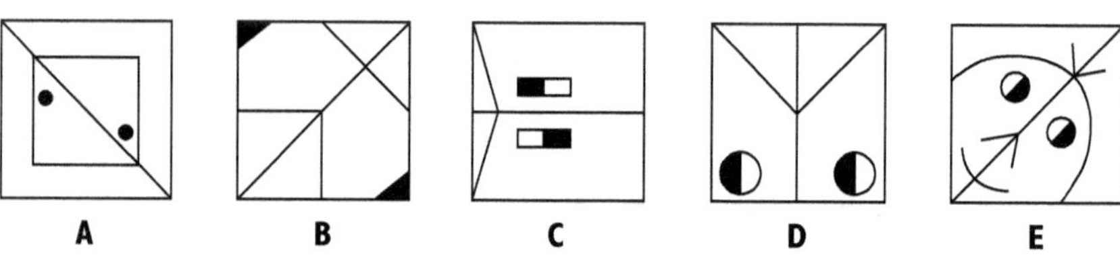

A   **B**   **C**   **D**   **E**

3 Cube

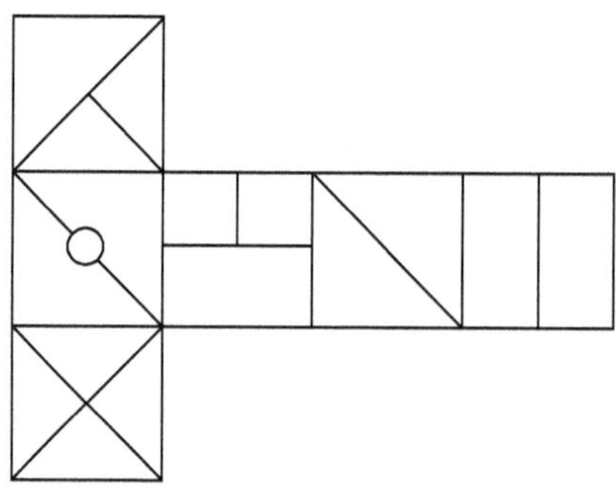

Si vous pliez le schéma ci-dessus pour former un cube, quel est celui que vous allez obtenir ?

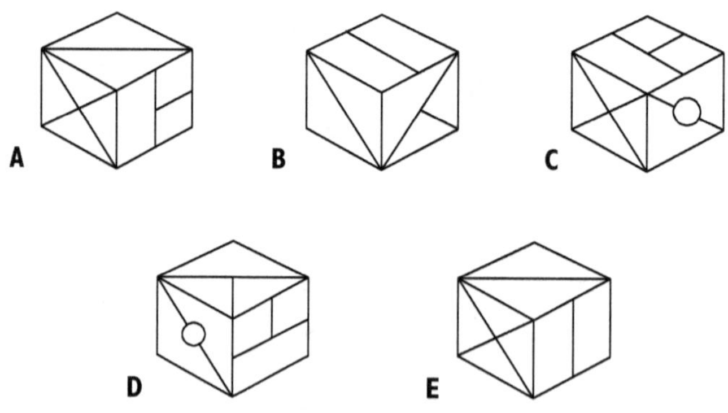

A   **B**   **C**

D   **E**

4 Quel est l'intrus ?

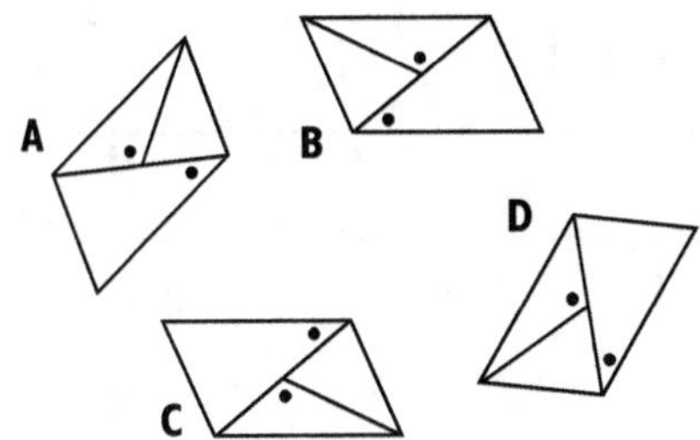

5 Carrés

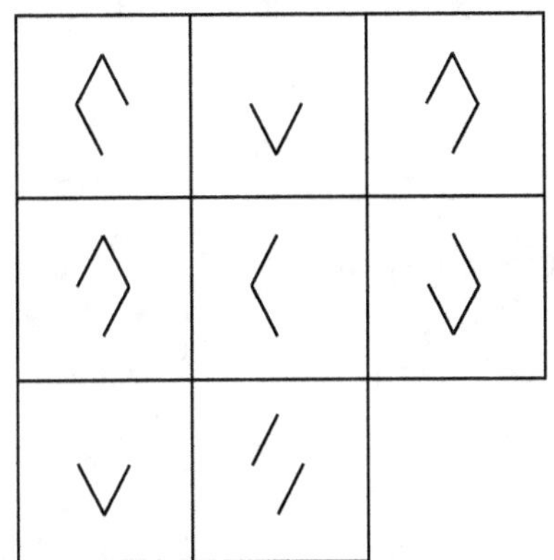

Quel est le carré manquant ?

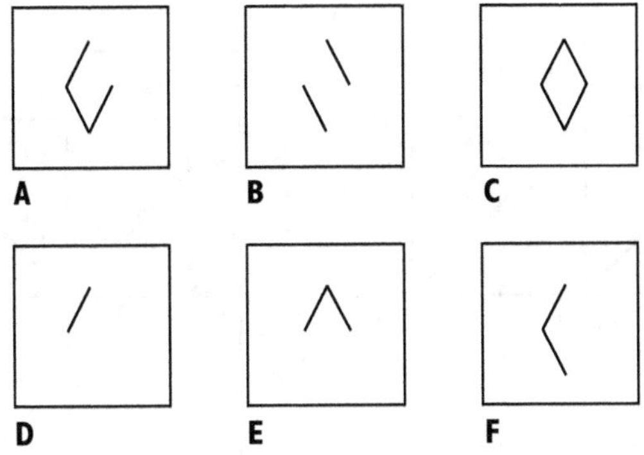

6 Pièce manquante

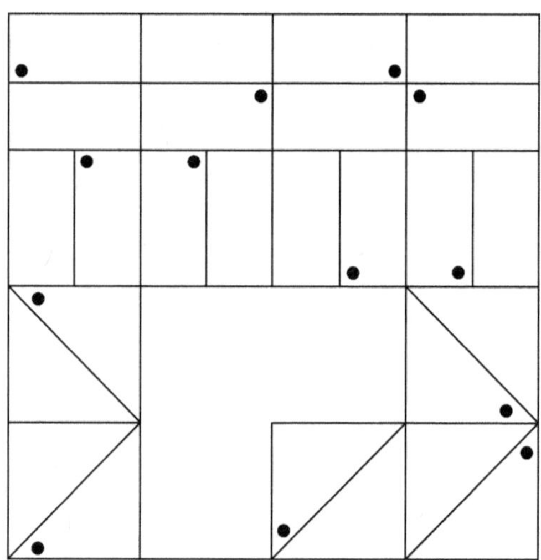

Quelle est la pièce manquante ?

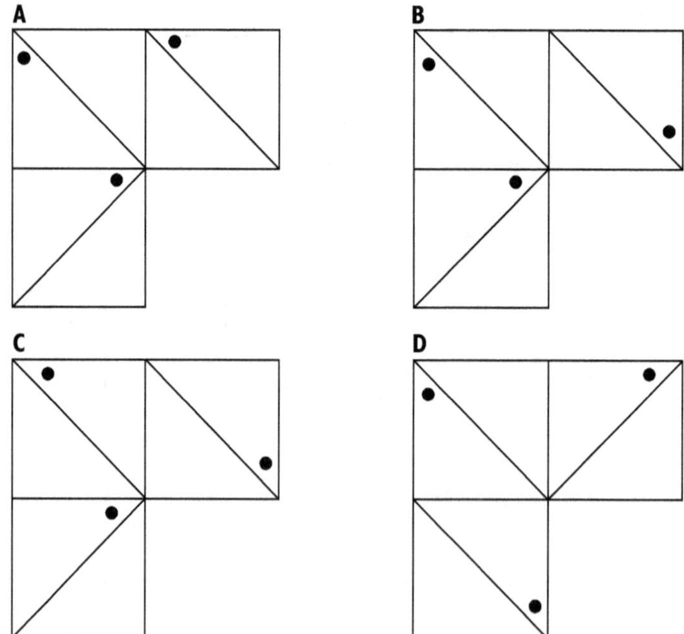

(**7**) Série

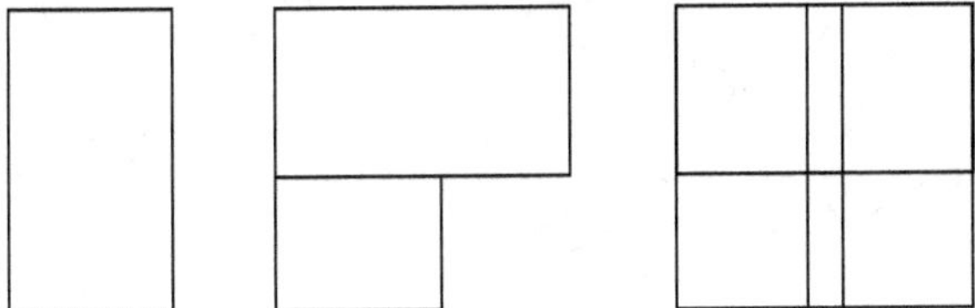

Complétez la série ci-dessus.

Réponses possibles :

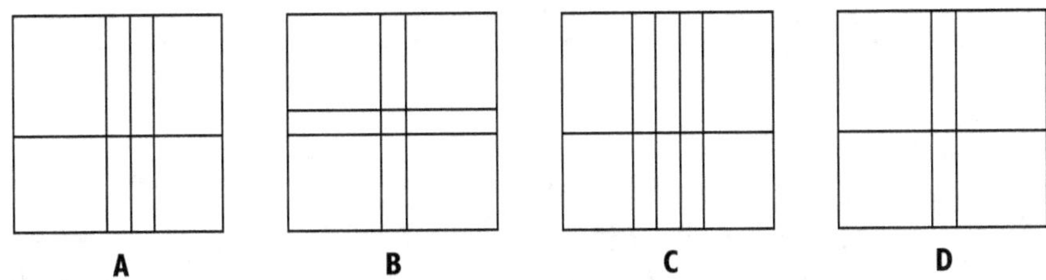

A	**B**	**C**	**D**

(**8**) Série

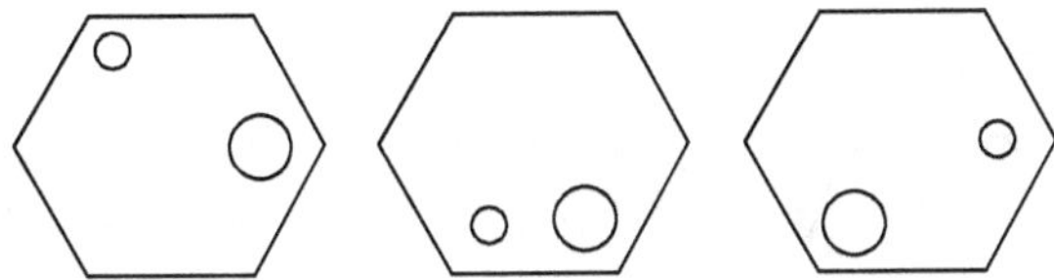

Complétez la série ci-dessus.

Réponses possibles :

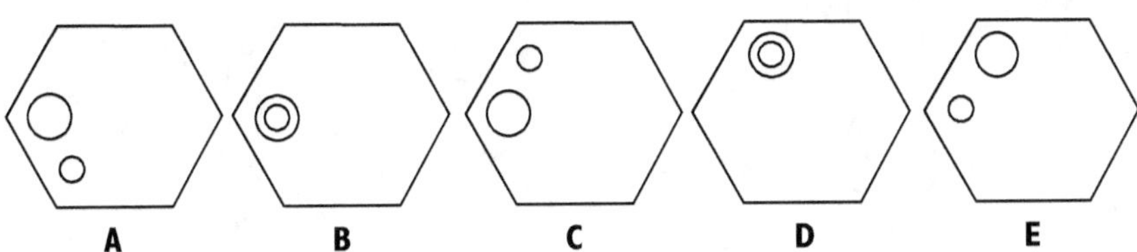

A	**B**	**C**	**D**	**E**

9 Comparaison

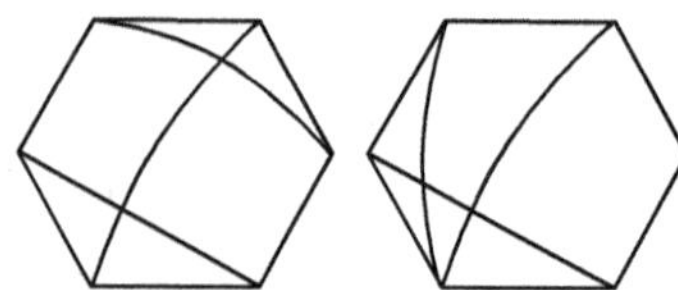 est à : 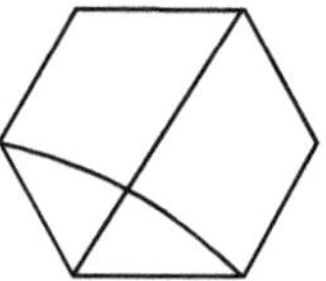

ce que 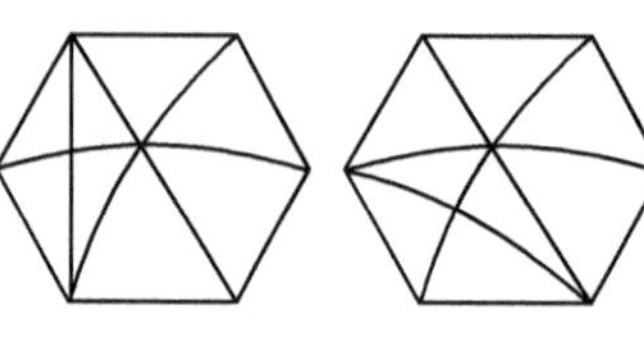 est à :

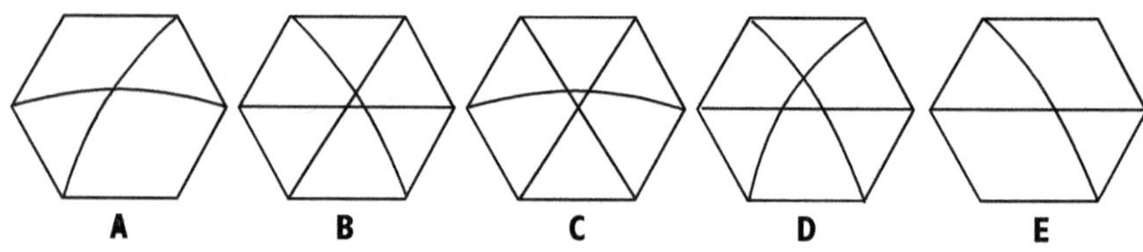

   A   B   C   D   E

10 Série

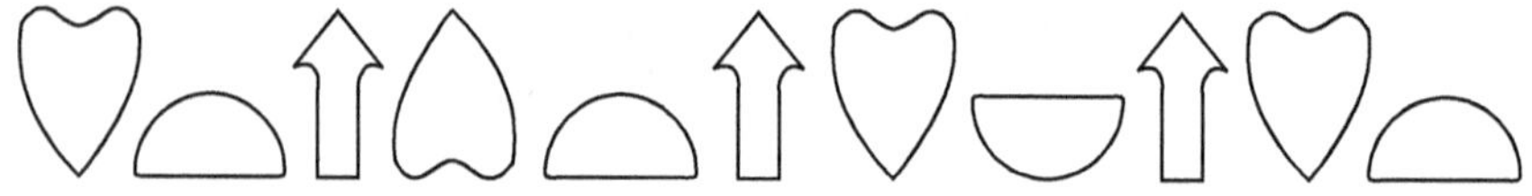

Complétez la série ci-dessus.

Réponses possibles :

   A   B   C   D

Test de logique

1 Quel mot complète cette série ?

IMPATIENT, NETTOYAGE, ÉGALISEUR, RÉUNION

Est-ce : surdité, noisetier, calamité ou idolâtre ?

2 Cinq hommes prennent part à une course. Jacques termine soit deuxième, troisième ou quatrième. Alain ne gagne pas la course. Hervé termine une place derrière Alain. Henri n'est pas arrivé en second. Gérard est deux places derrière Henri. Qui franchit la ligne d'arrivée en deuxième position ?

3 Repérez l'intrus.

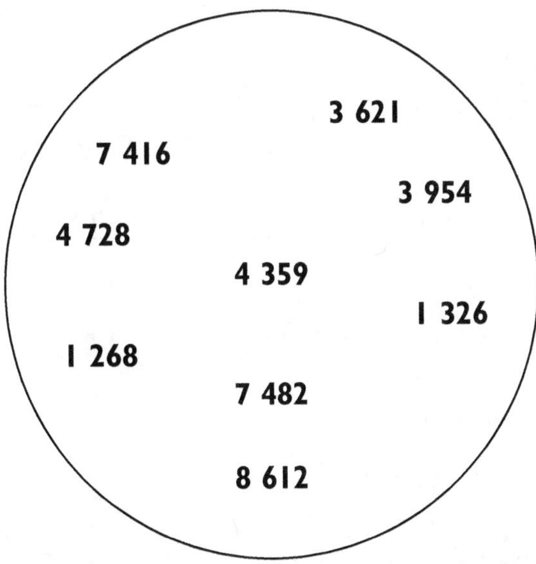

(4) Quel est dans cette suite logique, le nombre qui vient immédiatement après 1132 ?

121 ; 2112, ; 2122 ; 1132 ; ?

(5) Trouvez le mot qui manque.

AGILE, GÉMIR, ? , LIURE, ERRES

(6)   **34821**   est à   **12743**

et   **75968**   est à   **86857**

ce que   **39284**   est à   **?**

(7) Remplacez le point d'interrogation par le chiffre qui convient.

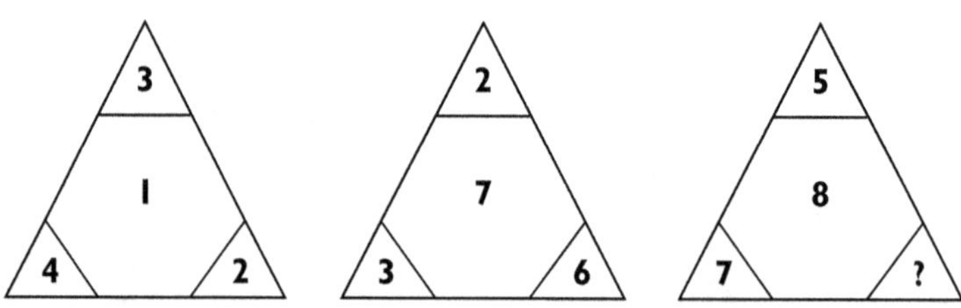

(8) TRI est à VUE ce que NOS est à **?**

(9) Trouvez la suite logique.

A   AB   ABD   ABDG   ?

(10) EXTRA, TONSURE, TETARD, ERMITE

Quel mot complète la série ci-dessus ?

TERRAIN, GRENOUILLE, MOINE, ONIRIQUE

Compréhension verbale

(1) Parmi les mots entre parenthèses, quel est celui qui a le même sens que celui en lettres capitales ?

CIRCONSPECTION (bienveillance, rigueur, patience, prudence, ironie).

(2) ILE PERDANTE est l'anagramme de deux antonymes. Lesquels ?

(3) Repérez les deux mots dont le sens est opposé dans la liste suivante :

COUPABLE, RÉPRESSIF, RÉPUGNANT, ÉVOCATEUR, DÉMOCRATIQUE, PACIFIQUE

(4) CHOC est à COMMOTION ce que DEPRESSION est à :

TRISTESSE, FRACTURE, CATHARSIS, ACCIDENT, PSYCHISME

(5) « Exhorter » signifie

    a) Extraire

    b) Encourager

    c) Éprouver une émotion forte

    d) Assiéger

    e) Acclamer

(6) En changeant la place de 3 mots, vous obtiendrez une phrase compréhensible :

Les meubles dans lesquels on se plaît à lire sont remplis de chalets agréables et de livres à vivre.

(7) Repérez l'intrus.

ULTIMATUM, TERMINER, DÉBUT, ÉPILOGUE, ADIEU, CONCLUSION

8 Remplacez une lettre dans chaque mot pour obtenir une phrase compréhensible :

RIMER SES LOTS

9 Repérez dans la liste de mots suivante deux mots aux sens très proches :

DISCUTABLE, DOLENT, PRÉTENTIEUX, IRRITABLE, ENTHOUSIASTE

10 HAPPY FEWS est à **ÉLITE** ce que **ID EST** est à

    a) car

    b) ainsi

    c) c'est-à-dire

    d) or

    e) voilà

Calcul

1 À combien de minutes avant 13 h sommes-nous si 88 minutes plus tôt, le nombre de minutes après 10 h était trois fois plus important ?

2 Par quel nombre faut-il remplacer le point d'interrogation ?

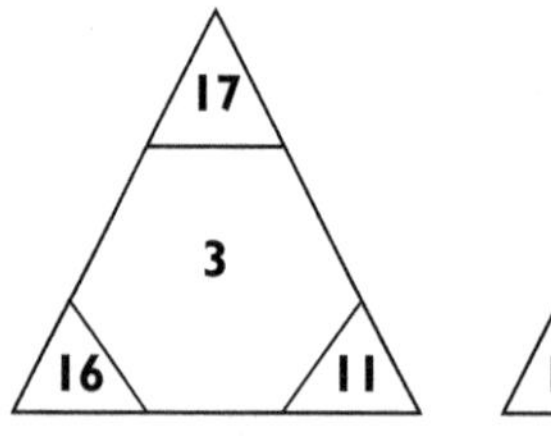

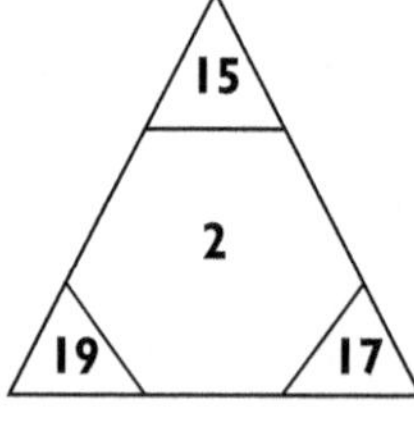

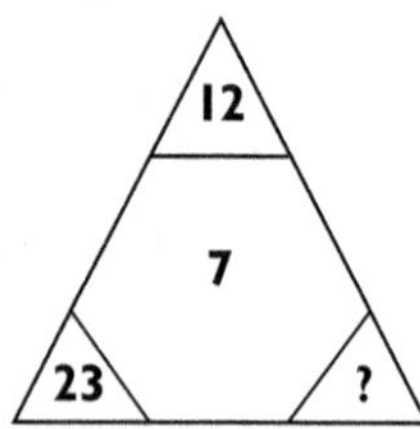

3 Quel nombre vient immédiatement après 82 ?

13 ; 17 ; 29 ; 52 ; 82 ; ?

4 Par quel nombre faut-il remplacer le point d'interrogation ?

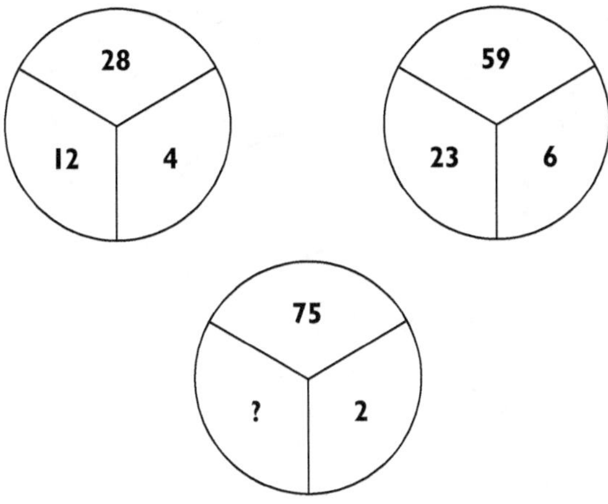

5 Remplacez les points d'interrogation par les chiffres qui conviennent.

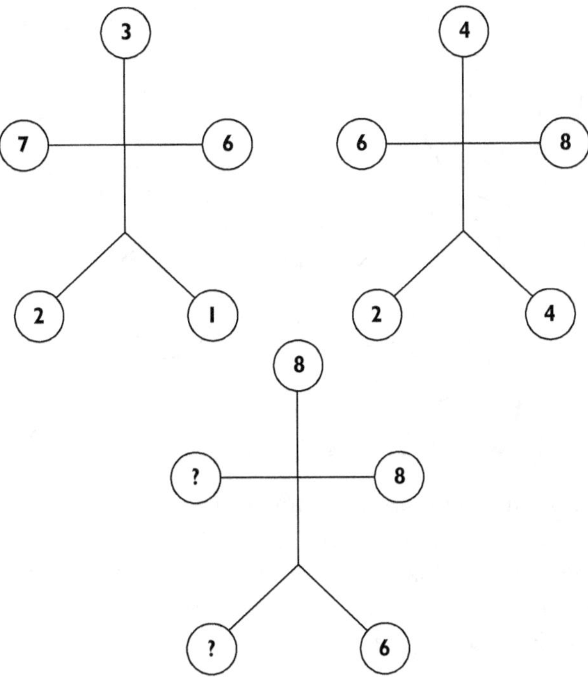

6 Scores

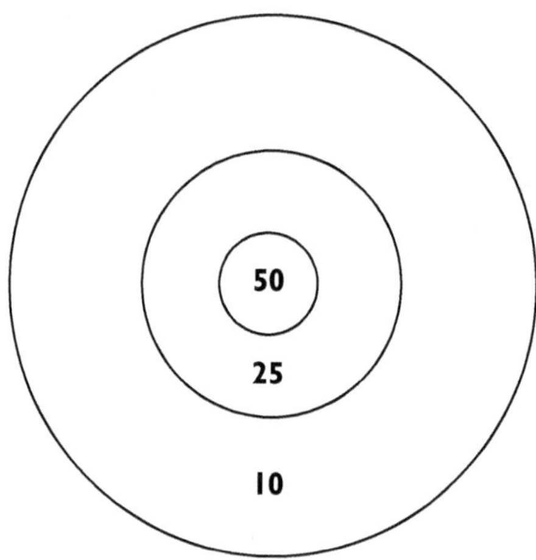

Sur quelle cible le score atteint-il 165 ?

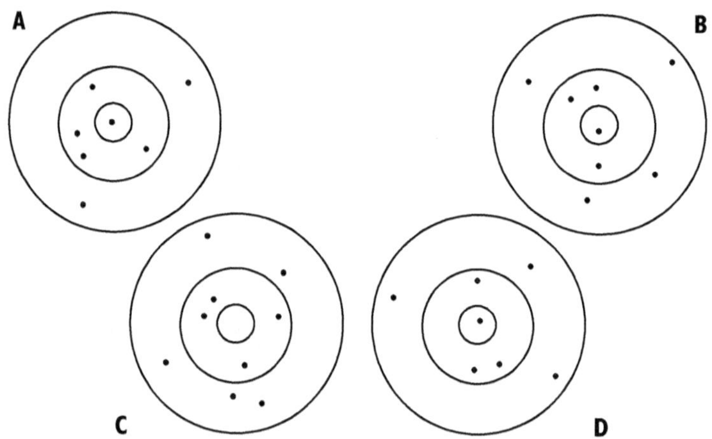

7 Un sculpteur décide de sculpter un morceau de marbre de 450 kg. La première semaine, il en retire 40 % au ciseau. La deuxième semaine, il sculpte la moitié du morceau qu'il restait et la troisième et dernière semaine il en retire encore un neuvième. Quel est le poids de la statue finale ?

8 Remplacez le point d'interrogation par le chiffre qui convient.

6	8	6	2	4
2	9	7	8	9
9	8	?	1	3

9 Frédérique reçoit deux fois moins d'euros que Patricia et un tiers de moins que Stéphanie. Elles disposent en tout de 216 euros. Quelle est la part de chacune ?

10 Le coût total de mon repas, boissons comprises, s'élève à 50 euros. Si le repas avait coûté 10 euros de plus, les boissons m'auraient coûté un tiers du prix total. Si les boissons avaient coûté 10 euros de moins, j'aurais dépensé 75 % du prix total pour le repas. Combien m'a coûté mon repas ? Combien m'ont coûté mes boissons ?

Réponses au test 1

Test de raisonnement dans l'espace

(1) Réponse D. Il y a deux séries séparées. La première flèche se déplace chaque fois de 180° et la deuxième pivote de 90° dans le sens contraire des aiguilles d'une montre.

(2) Réponse B. Le trait qui sépare la boîte en deux fait office de miroir, les éléments présents des deux côtés se réfléchissent parfaitement.

(3) Réponse D.

(4) Réponse A. Les autres figures sont toutes identiques mais présentées sous un angle différent.

(5) Réponse F. Que ce soit horizontalement ou verticalement, le contenu du dernier carré est déterminé par la superposition des lignes contenues dans les deux premiers carrés. Seules les lignes non recouvertes sont conservées dans le troisième carré.

(6) Réponse B. Le carré se lit horizontalement. Les quatre carrés qui forment une ligne sont identiques et seul le point occupe chaque fois une position différente.

(7) Réponse B. Un autre rectangle est régulièrement ajouté à 90° du précédent, dans le sens des aiguilles d'une montre.

(8) Réponse C. Le grand cercle se déplace d'un cran dans le sens des aiguilles d'une montre alors que le petit cercle se déplace de deux crans dans le sens contraire des aiguilles d'une montre.

(9) Réponse B. Le contenu du dernier cercle est déterminé par la superposition des lignes contenues dans les deux premiers cercles. Seules les lignes présentes dans les deux premiers cercles sont conservées.

(10) Réponse D. Les trois figures se succèdent mais la quatrième est la reproduction de la première en sens inverse.

Test de logique

(1) Réponse : noisetier. Chaque mot commence avec les trois lettres qui terminent le mot précédent mais dans un ordre différent.

(2) Réponse : Jacques.

Voici les possibilités pour chaque joueur :

1	2	3	4	5
	Jacques	Jacques	Jacques	
	Alain	Alain	Alain	
Henri		Henri		
		Gérard		Gérard
		Hervé	Hervé	Hervé

Seul Henri peut arriver en premier. Gérard étant deux places derrière Henri, arrive obligatoirement en troisième position. Hervé devient donc la seule possibilité pour la dernière place. Alain étant une place avant Gérard il arrive en quatrième ce qui ne laisse plus que Jacques comme candidat possible pour la deuxième place.

3 Réponse : 7416. Tous les autres nombres peuvent être regroupés par paires d'anagrammes, (4728/7482, 3954/4359, 8612/1268, 3621/1326).

4 Réponse : 211213. Chaque nombre « décrit » le nombre précédent, en commençant par son chiffre le plus faible. Exemple 121 contient deux 1 et un 2 donc le prochain nombre est 2112. 1132 contient deux 1, un 2 et un 3 soit 211213.

5 Réponse : IMPUR pour former le carré magique suivant :

A	G	I	L	E
G	E	M	I	R
I	M	P	U	R
L	I	U	R	E
E	R	R	E	S

6 Réponse : 48193. Il s'agit d'inverser les chiffres. Le premier chiffre se met en dernière position et le dernier en premier et ainsi de suite sauf pour le chiffre du milieu qui ne change pas de place mais est diminué de 1.

7 Réponse : 8. Additionnez les deux premiers triangles pour obtenir les chiffres du troisième triangle.

3 + 2 = 5
4 + 3 = 7
donc 2 + 6 = 8.

8 Réponse : PRO. Car :

T	u	V		N	o	P
R	st	U		O	pq	R
I	hgf	E		S	rqp	O

(9) Réponse : **ABDGK**. ABcDefGhijK.

(10) Réponse : moine. La fin d'un mot et le début du mot suivant forme un nouveau mot.

EXT(RA TON)(SURE TE)(TARD ER)MI(TE MOIN)E

Compréhension verbale

(1) Réponse : prudence.

(2) Réponse : rapide et lente.

(3) Réponse : répressif et démocratique.

(4) Réponse : tristesse.

(5) Réponse b : encourager.

(6) Réponse : Les chalets dans lesquels on se plaît à vivre sont remplis de meubles agréables et de livres à lire.

(7) Réponse : début.

(8) Réponse : aimer les mots

(9) Réponse : dolent et irritable.

(10) Réponse : c'est-à-dire.

Calcul

(1) Réponse : 23 minutes.

Explication : x étant le temps avant 13 h et 3x le temps après 10 h :

10 h + 3x + 88 + x = 13 h

soit :

4x + 88 = 13 h − 10 h = 180 *(3 × 60mn)*

4x = 180 − 88 = 92

x = 23

(2) Réponse : 5

12 + 23 =35

35/5 = 7

(3) Réponse 122. Ajoutez au dernier nombre tous les chiffres précédents y compris les chiffres du dernier nombre.

(4) Réponse : 71

75 − 71 = 4, racine carrée de 4 = 2

(5) Réponse : 2 et 1

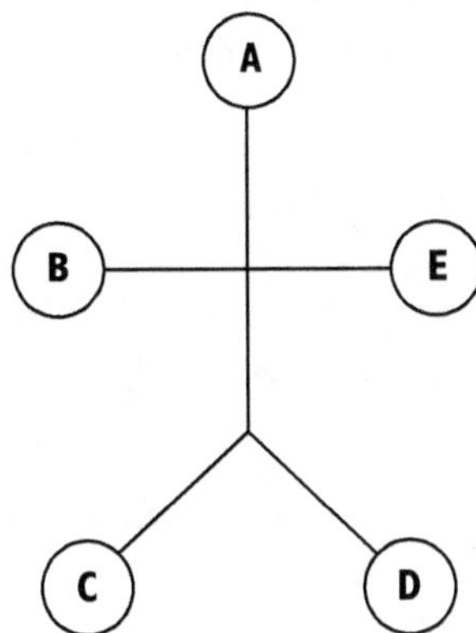

A × B = nombre donnant les chiffres C et D, A × C = E

(8 × 2 = 16 ; C = 1 et D = 6 et 8 × 1 = 8)

6 Réponse B.

7 Réponse : 120 kg.

8 Réponse 4 : 68624 + 29789 = 98413.

9 Réponse : Frédérique 48, Stéphanie : 72 et Patricia 96.

10 Réponse :

Repas	Boissons	Total
30	20	50
40	20	60
30	10	40

Nous avons 2 inconnues : x : prix du repas, y : prix des boissons, il faut donc 2 équations :

On peut écrire :

première équation $x + y = 50$
seconde équation $y = 60/3 = 20$
    d'où $x = 30$, résultat obtenu

Test 2

Compréhension verbale

(1) Un **ECARTÉ** est :

    a) le nom d'un tissu

    b) une recette de cuisine

    c) un jeu de cartes

    d) un office religieux

    e) le nom d'un dessert

(2) Qu'est-ce ces mots ont en commun ?

    a) axions

    b) siamois

    c) dégrossir

    d) zircon

    e) elbot

(3) En associant deux de ces groupes de lettres, vous formerez le nom d'un animal.

    RAP   LEZ   MAN   RIS   LIE   RAC   CAI   MOU

(4) Remplacez les lettres qui manquent pour former un mot.

    GE-GO

(5) Trouvez les lettres qui manquent pour former deux mots synonymes.

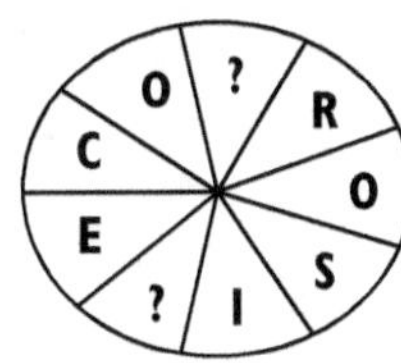
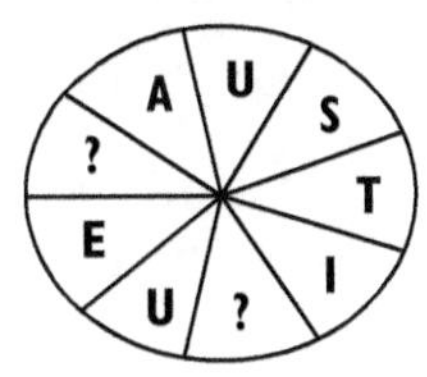

6 Remplacez les tirets par les lettres qui conviennent pour former le nom de 5 îles.

    a) _R_N_D_

    b) _U_A_R_

    c) _O_M_S_

    d) _A_B_D_

    e) _A_R_I_

7 Toutes les voyelles de ce proverbe ont été retirées. Essayez de le reconstituer.

    RRBN QRR LDRNR

8 Formez un mot de six lettres en n'utilisant que ces quatre lettres.

    E   S
    L   C

9 Trouvez un mot de dix lettres en vous déplaçant de cercle en cercle sans entrer plus d'une fois dans chacun d'eux.

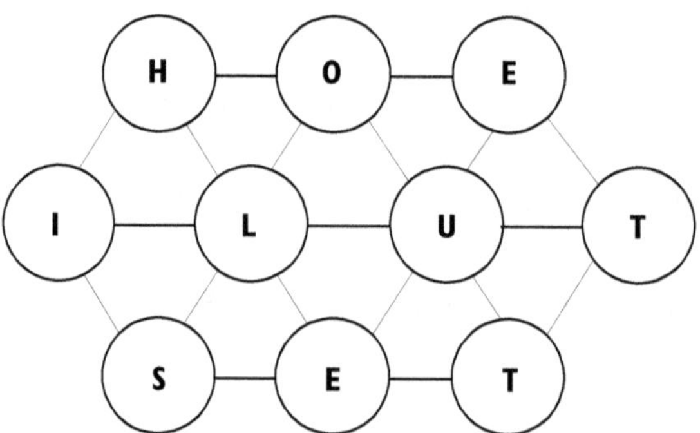

(10) Placez les lettres dans la grille pour trouver le nom de deux animaux.

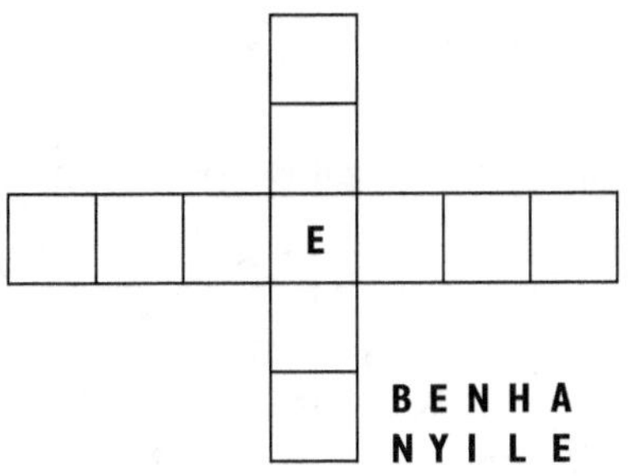

Calcul

(1) Quel chiffre devrait remplacer le point d'interrogation ?

18 ; 1 ; 14,75 ; 5,75 ; 11,5 ; 10,5 ; ?

(2) Calculez :

$$\frac{7}{8} \div \frac{28}{32}$$

(3) Calculez :

$$14 - 1,5 \times 3,5 + 3 \times 0,5$$

(4) Remplacez le point d'interrogation par le chiffre qui convient :

48	8	2	12
39	13	3	9
12	2	2	12
15	5	7	?

(5) Que signifie ce symbole mathématique ?

!

(6) Remplacez le point d'interrogation par le chiffre qui convient.

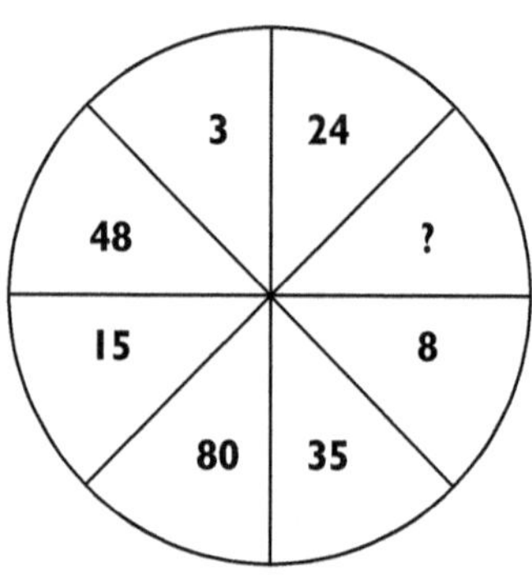

(7) Combien font 86° F en degré Celsius.

(8) Calculez la valeur de cet angle dans l'octogone.

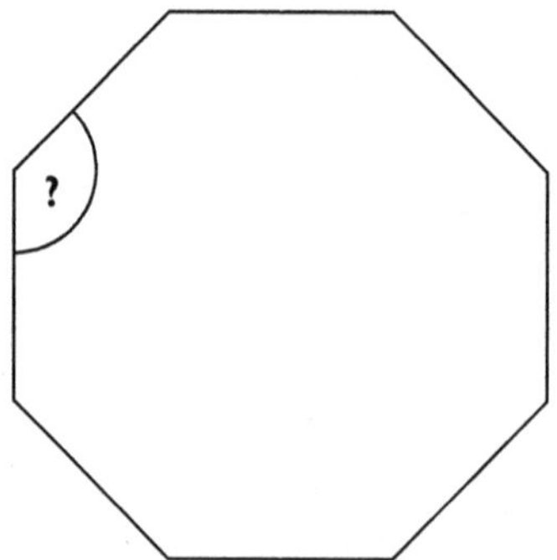

(9) Représentez 0,126333 par une fraction ?

(10) Si   66 = 102

alors   22 =   ?

Mathématiques

(1) Trois clochards se croisent dans la campagne. Le premier a trois miches de pain, le deuxième deux et le troisième n'a pas de pain mais de l'argent, 1 euro. Les miches de pain sont partagées équitablement. Combien le troisième clochard doit-il donner au deux premiers pour payer sa part.

(2) Deux planchers carrés doivent être carrelés avec des dalles carrées de 10 cm de côté. Le nombre total de dalles utilisées est égal à 1 300.

Les côtés du premier plancher sont 1 m plus longs que ceux du deuxième.

Quelles sont les dimensions des deux planchers ?

(3) Un joueur choisit une couleur et retire deux cartes au hasard d'un paquet mélangé. Quelles sont les chances pour que l'une des cartes appartienne à la couleur choisie ?

(4) Les boîtes 1 + 2 pèsent à elles deux 12 kg.
Les boîtes 2 + 3 pèsent à elles deux 13.5 kg.
Les boîtes 3 + 4 pèsent à elles deux 11,5 kg.
Les boîtes 4 + 5 pèsent à elles deux 8 kg.
Les boîtes 1 + 3 + 5 pèsent à elles trois 16 kg.

Quel est le poids de chacune d'elles ?

(5) Un marchand vend deux types de vin, l'un à 9,5 euros la bouteille et l'autre à 5,5 euros la bouteille. Il décide de mélanger les bouteilles et de les vendre à 7,9 euros l'unité. Combien devra-t-il mélanger de bouteilles pour conserver le même profit ?

(6) Si   81 = 90

alors   22 = ?

7 Tous les nombres décimaux dont le dernier chiffre se répète à l'infini proviennent de fractions. Quelle fraction est à l'origine de ce nombre ?

0.818444

8 Calculez

$$\frac{15}{19} \div \frac{30}{57}$$

9 Remplacez le point d'interrogation par le chiffre qui convient.

6	26	8	4
9	21	10	3
7	20	9	3
15	40	11	?

10 Calculez :

$17 - 8 \times 2 + 15 \div 2$

Diagrammes

(**1**) Symboles

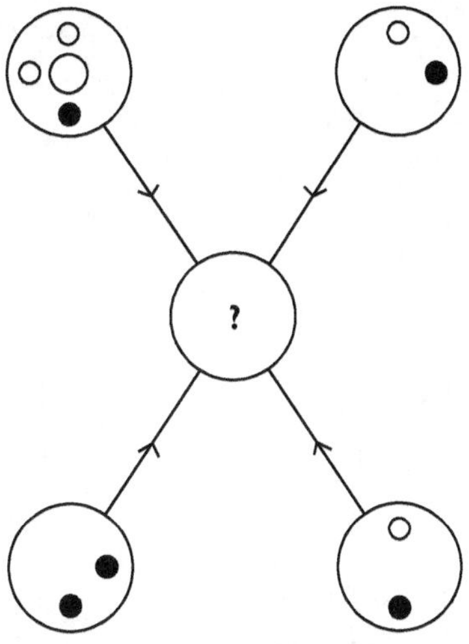

Les symboles à l'intérieur des quatre cercles extérieurs sont transférés dans le cercle central selon les règles ci-dessous :

Si un symbole apparaît :

Dans un cercle :	il est transféré
Dans deux cercles :	il peut être transféré
Dans trois cercles :	il est transféré
Dans les quatre :	il n'est pas transféré

Parmi les cercles représentés ci-dessous, lequel doit apparaître au centre du diagramme ?

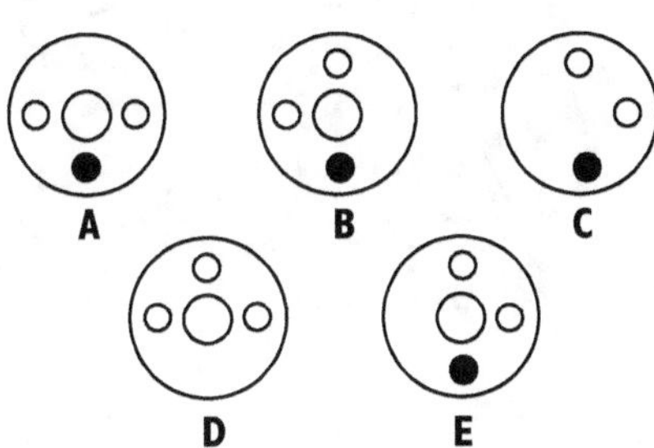

(**2**) Symboles

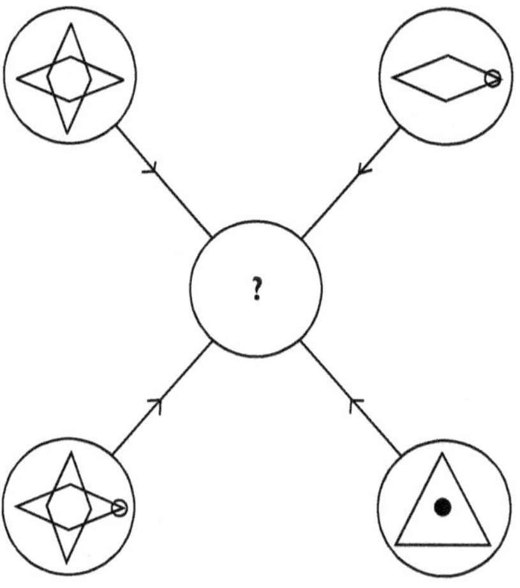

Les symboles à l'intérieur des quatre cercles extérieurs sont transférés dans le cercle central selon les règles ci-dessous :

Si un symbole apparaît :

Dans un cercle : il est transféré

Dans deux cercles : il peut être transféré

Dans trois cercles : il est transféré

Dans les quatre : il n'est pas transféré

Parmi les cercles représentés ci-dessous, lequel doit apparaître au centre du diagramme ?

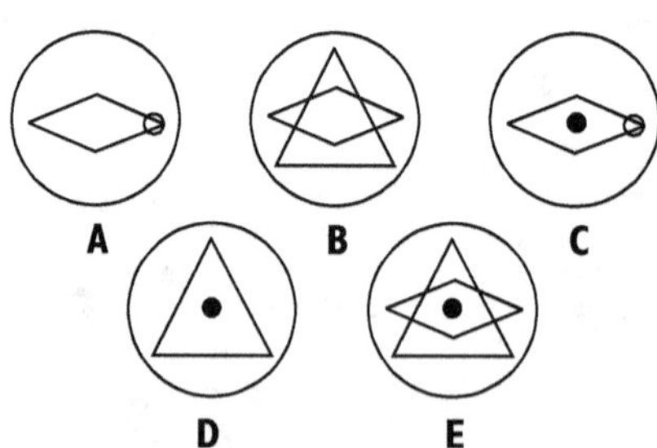

3 Quadrillage

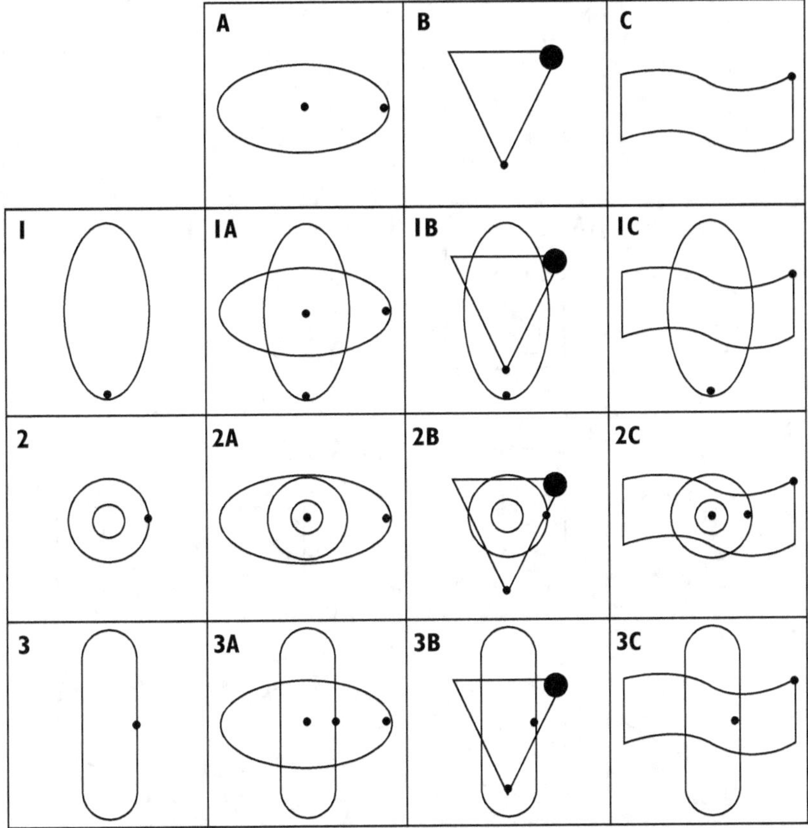

Les carrés 1A à 3C doivent incorporer l'intégralité des symboles représentés dans les carrés portant la même lettre et le même chiffre. Par exemple, le carré 2B doit intégrer les symboles présentés dans les carrés 2 et B.

L'un de ces carrés est incorrect. Lequel ?

(4) Quadrillage

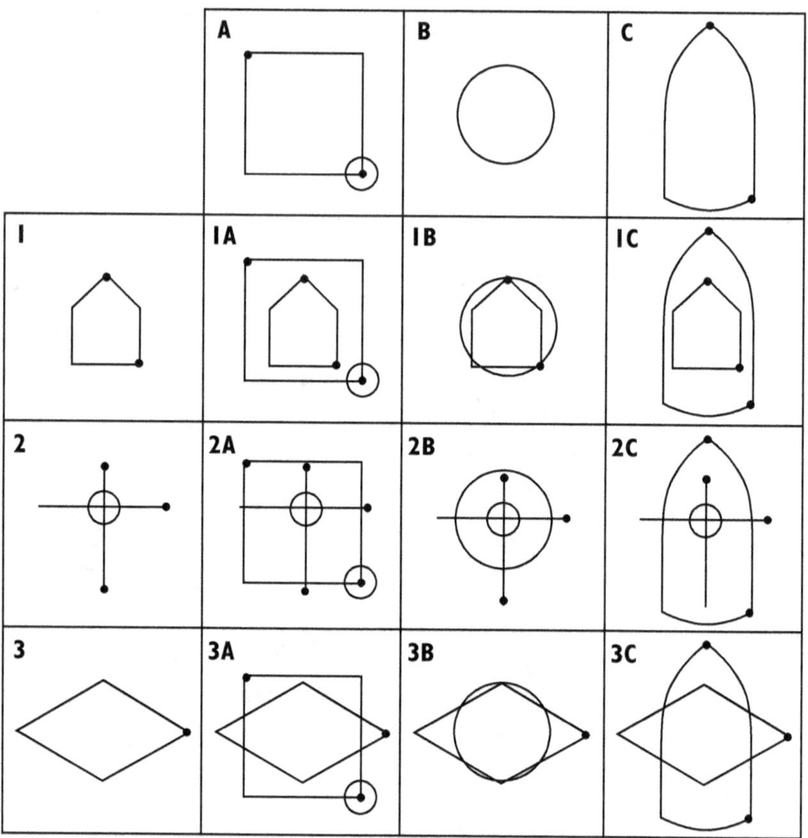

Les carrés 1A à 3C doivent incorporer l'intégralité des symboles représentés dans les carrés portant la même lettre et le même chiffre. Par exemple, le carré 2B doit intégrer les symboles présentés dans les carrés 2 et B.

L'un de ces carrés est incorrect. Lequel ?

5 Repérez l'intrus

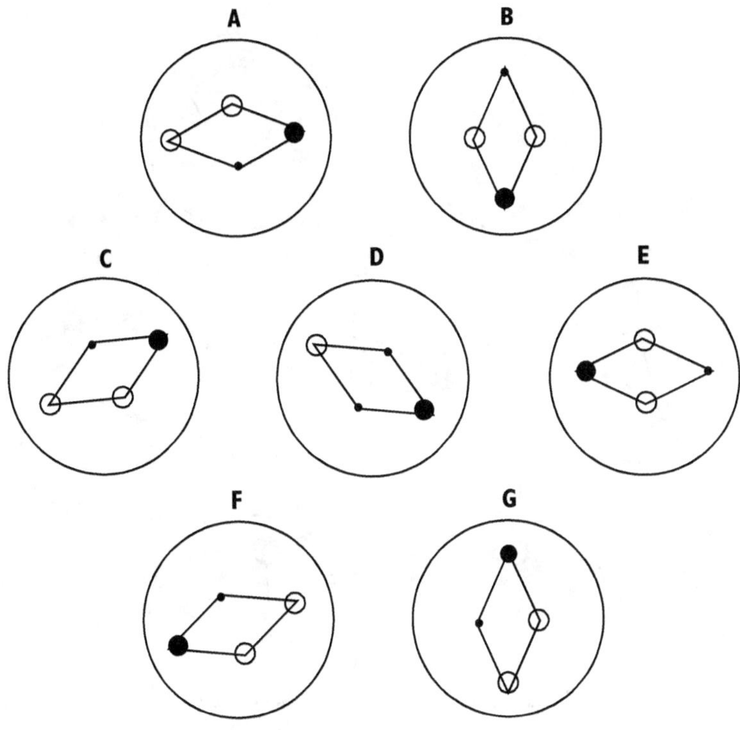

6 Repérez l'intrus

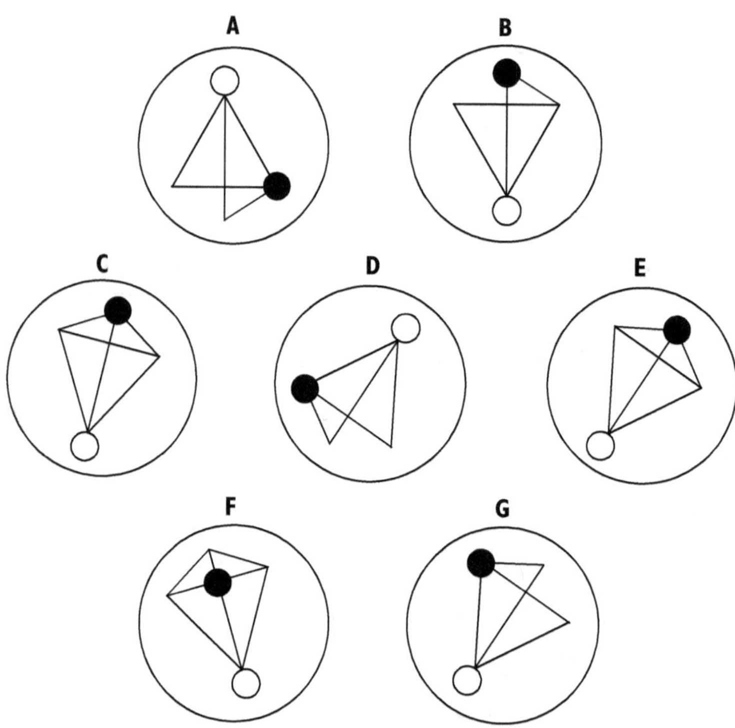

⑦ Cercles

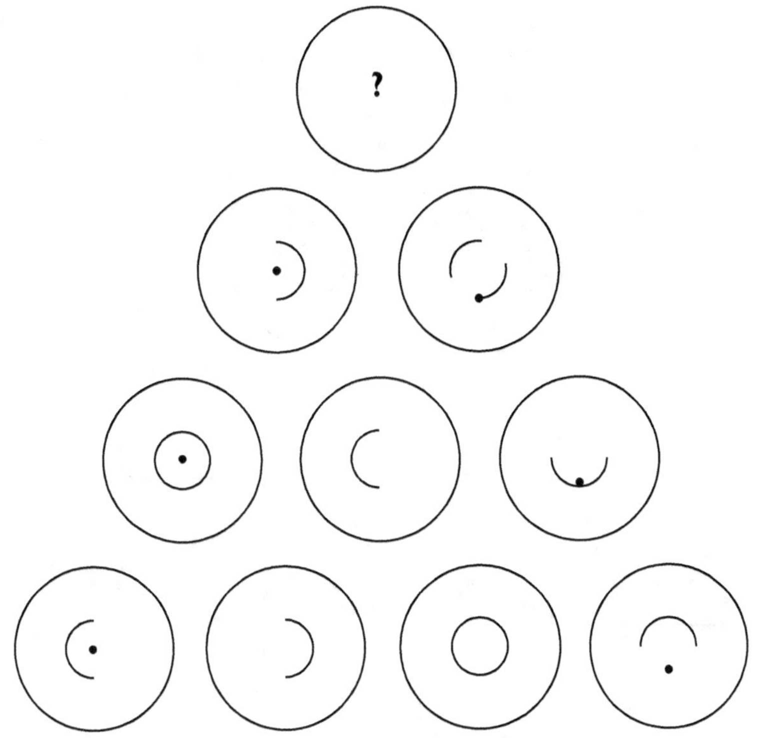

Par quel cercle le point d'interrogation doit-il être remplacé ?

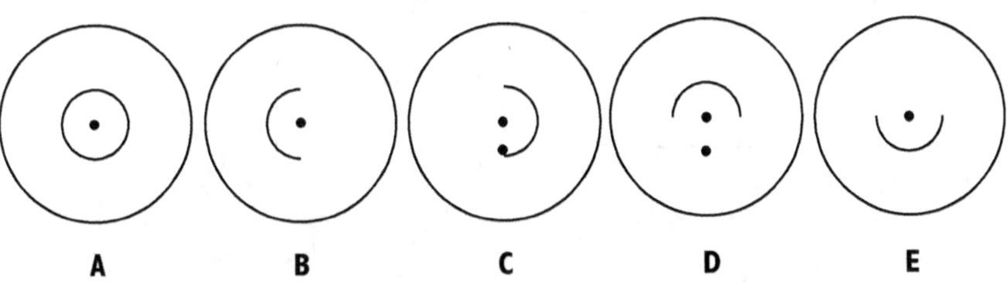

| A | B | C | D | E |

(8) Cercles

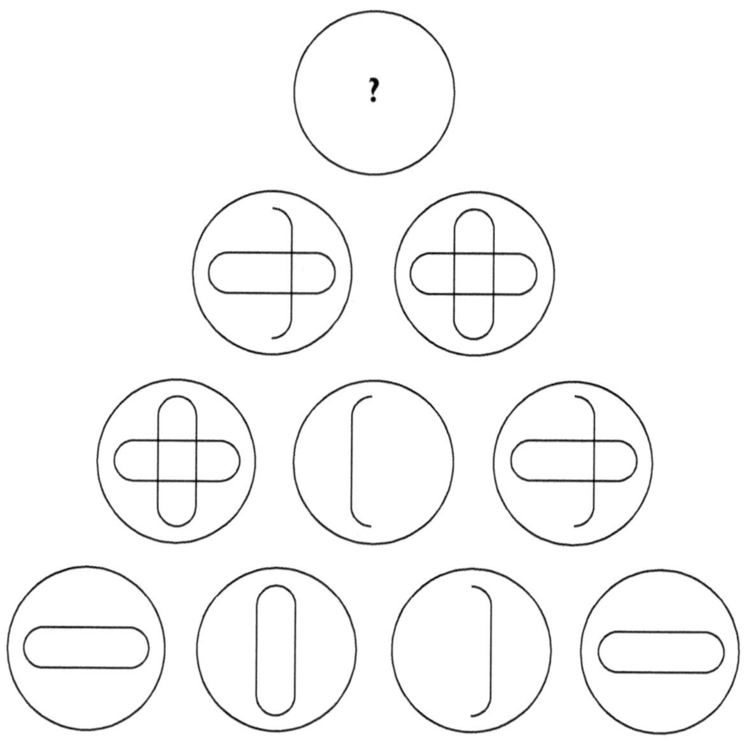

Par quel cercle le point d'interrogation doit-il être remplacé ?

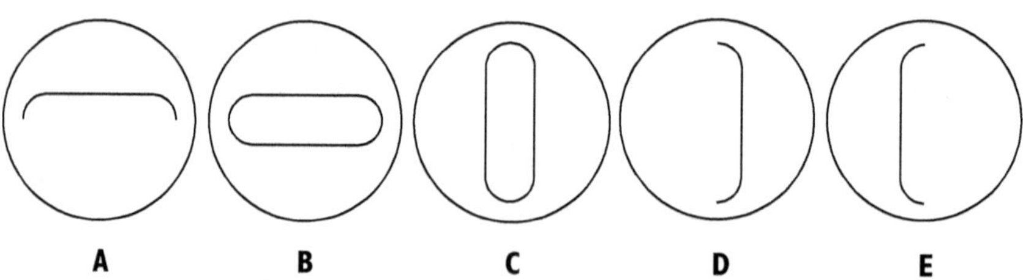

A   B   C   D   E

9 Hexagones

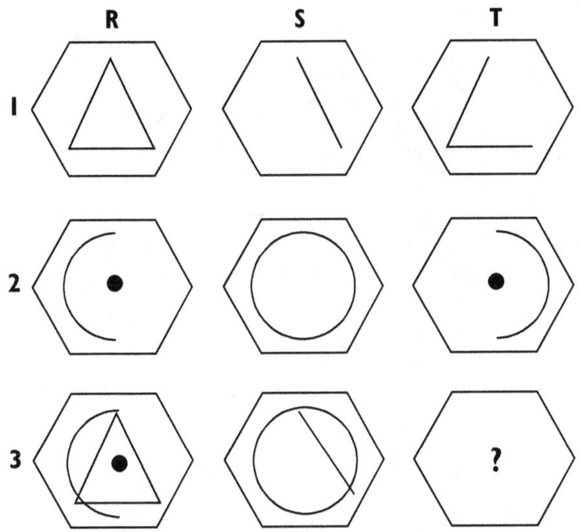

Par quel hexagone le point d'interrogation doit-il être remplacé ?

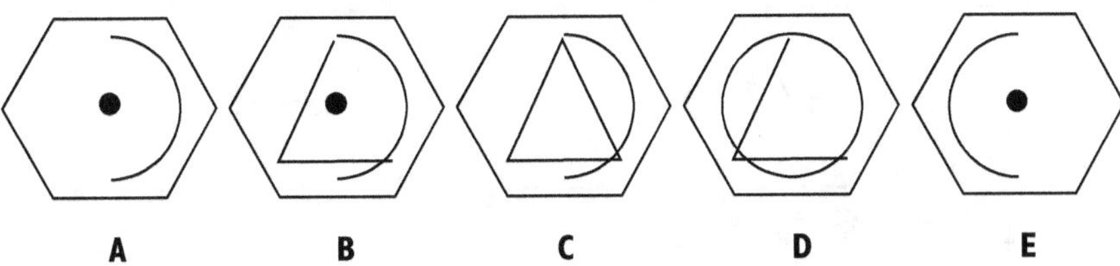

A   B   C   D   E

(10) Hexagones

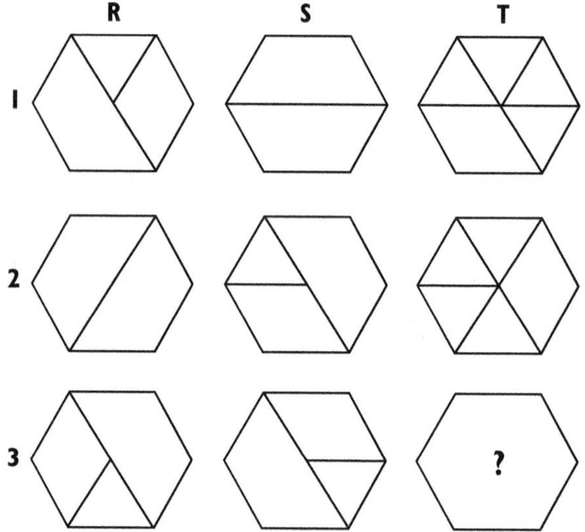

Par quel hexagone le point d'interrogation doit-il être remplacé ?

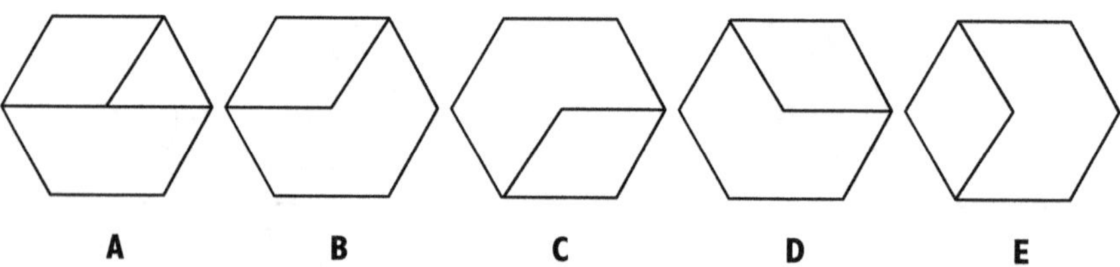

Réponses au test 2

Compréhension verbale

1. Réponse C : un jeu de cartes.

2. Tous ces mots contiennent un nom de céréales épelées à l'envers : NOIX, MAIS, ORGE, RIZ **et** BLÉ.

3. Réponse : caïman.

4. Réponse : rouge-gorge.

5. Réponse : C et R, C et Q pour former corrosive et caustique.

6. Réponses :

   a) Grenade

   b) Sumatra

   c) Formose

   d) Barbade

   e) Bahreïn

7. Réponse : rira bien qui rira le dernier.

8. Réponse : celles.

9. Réponse : silhouette.

10. Réponse : hyène, baleine.

Calcul

1 Il y a deux séries :

$$- 3{,}25 \ : \ 18 \ ; \ 14{,}75 \ ; \ 11{,}5 \ ; \ 8{,}25$$
$$+ 4{,}75 \ : \ 1 \ ; \ 5{,}75 \ ; \ 10{,}5$$

2 Réponse :

$$\frac{7}{8} \div \frac{28}{32} = \frac{7}{8} \times \frac{32}{28} = \frac{7 \times 8 \times 4}{7 \times 8 \times 4} = 1$$

3 Réponse $14 - 5{,}25 + 1{,}5 = 10{,}25$

$(\times, \div)$ doivent être évalués avant $(+, -)$

4 Réponse : 21

$$(15 \div 5) \times 7 = 21$$

5 Factorielle : $6\ ! = 6 \times 5 \times 4 \times 3 \times 2 \times 1$

6 Réponse 63 ; nombre au carré $- 1$, saute 2 segments :

$2^2 - 1 = 3$	$6^2 - 1 = 35$
$3^2 - 1 = 8$	$7^2 - 1 = 48$
$4^2 - 1 = 15$	$8^2 - 1 = 63$
$5^2 - 1 = 24$	$9^2 - 1 = 80$

7 Réponse : 30° C.

Explication : C est la température en degré Celsius et F en degré Fahrenheit.

Formule de conversion : $C = (F - 32) * 5/9$.

Dans le cas présent : $C = (86 - 32) * 5/9 = 54 * 5/9 = 30$.

8 Réponse : 135°

$$\frac{360}{8} = 45$$

La somme des angles d'un triangle égale 180° C

180° − 45° = 135°

9 Réponses :

$$\times 1 \qquad = 0{,}126333$$
$$\times 1000 \qquad = 126{,}333333$$
$$999 \qquad = 126{,}207$$

Réponse :

$$\frac{126{,}207}{999}$$

10 Réponse :

Supposons que 102 soit l'écriture du nombre 66 en base n, alors on a :

102 = 1 * n * n + 0 * n + 2

n * n + 2 = 66

d'ou n * n = 64

donc n = 8.

On en déduit que 22 = 2 * 8 + 6 soit 26 en base 8.

Mathématiques

(1) Chaque clochard reçoit 5/3 de miche. Le troisième clochard donne 80 centimes au premier et 20 centimes au deuxième.

Clochard 1 a donné 9/3 – 5/3 = 4/3 de miche

Clochard 2 a donné 6/3 – 5/3 = 1/3 de miche = 1/4 de ce qu'a donné Clochard 1

Clochard donne donc à Clochard 1, (0,8 €) soit 4 fois ce qu'il donne à Clochard 2 (0,2 €)

(2) Réponse : 3 × 3 et 2 × 2

(3) Premier tirage :

$$\frac{13}{52} = 0,25$$

Deuxième tirage (on suppose que le premier tirage n'a pas été réussi).

$$\frac{39}{52} \times \frac{13}{51} = \frac{507}{2\ 652} = 0,1912$$

(4) Réponses :

Boîte 1	5,5 kg
Boîte 2	6,5 kg
Boîte 3	7,0 kg
Boîte 4	4,5 kg
Boîte 5	3,5 kg

5 Réponse : 3 à 9,5 euros et 2 à 5,5 euros

Explication : il faut que les gains égalent les pertes.

Avec un prix moyen de 7,9 euros, il **perd** 9,5 − 7,9 = 1,6 euro par bouteille à 9,5 euros mais il **gagne** 7,9 − 5,5 = 2,4 euros par bouteille de 5,5 euros or comme 2,4 × 2 = 1,6 × 3, il faut, pour compenser profits et pertes mélanger 2 bouteilles à 5,5 euros à 3 bouteilles à 9,5 euros.

On a bien en effet : 2 × 5,5 + 3 × 9,5 = 39,5 = 5 × 7,9.

6 Réponse :

Supposons que 100 soit l'écriture du nombre 81 en base n, alors on a :

100 = 1 * n * n + 0 * n + 0
n * n + 0 = 81
d'ou n * n = 81
donc n = 9.

On en déduit que 22 = 2 * 9 + 4 soit 24 en base 9.

7 Réponse :

    × 1   = 0,818444
    × 1000   = 818,444444
       999   = 817,625

Réponse :

$$\frac{817,625}{999}$$

8 Réponse :

$$\frac{15}{19} \times \frac{57}{30} = \frac{3}{2} = 1,5$$

9 Réponse : 5.

$$\frac{15 + 40}{11} = 5$$

10 Réponse :

17 − 16 + 7,5 = 8,5

(×, ÷) doivent être évalués avant (+, −).

Diagrammes

1 Réponse : B.

2 Réponse : E.

3 Réponse : 2A.

4 Réponse : 2C.

5 Réponse : D.

A est identique à F

B est identique à E

C est identique à G

6 Réponse : F.

A est identique à G

B est identique à D

C est identique à E

7 Réponse : D. Chaque cercle est obtenu en combinant les deux cercles du dessous mais les portions similaires disparaissent.

8 Réponse E. Chaque cercle est obtenu en combinant les deux cercles du dessous mais les portions similaires disparaissent.

9 Réponse : B. R est ajouté à S pour former T mais les portions similaires disparaissent. 1 est ajouté à 2 pour former 3.

10 Réponse C. R est ajouté à S pour former T mais les portions similaires disparaissent. 1 est ajouté à 2 pour former 3 mais les portions similaires disparaissent.